Johann Wolfgang Goethe
Götz von Berlichingen

Von Kathleen Ellenrieder

AF178487

Reclam

Dieser Lektüreschlüssel bezieht sich auf folgende Textausgabe:
Johann Wolfgang Goethe: *Götz von Berlichingen mit der eisernen Hand. Ein Schauspiel.* Anm. von Volker Neuhaus. Stuttgart: Reclam, 2002 [u. ö.]. (Universal-Bibliothek. 71.)

RECLAMS UNIVERSAL-BIBLIOTHEK Nr. 15331
Alle Rechte vorbehalten
© 2003 Philipp Reclam jun. GmbH & Co. KG, Stuttgart
Gesamtherstellung: Reclam, Ditzingen
Printed in Germany 2014
RECLAM, UNIVERSAL-BIBLIOTHEK und
RECLAMS UNIVERSAL-BIBLIOTHEK sind eingetragene
Marken der Philipp Reclam jun. GmbH & Co. KG, Stuttgart
ISBN 978-3-15-015331-4

Auch als E-Book erhältlich

www.reclam.de

Inhalt

1. Erstinformation und Hinführung zum Werk

In bunten, anschaulichen Szenen lässt Goethe in seinem Schauspiel das seinerzeit vergessene Rittertum des Spätmittelalters wieder aufleben. Hauptfigur des Stücks ist der Ritter Gottfried (Götz) von Berlichingen, dessen historisches Vorbild 200 Jahre vor Goethe lebte.

Mit diesem Werk hat Goethe eine für die damalige Zeit innovative Theaterkonzeption geschaffen: Wie in einem Panorama will er seinen Zeitgenossen die Vergangenheit vergegenwärtigen. Deshalb dienen etliche Szenen und handelnde Personen in erster Linie dazu, unterschiedliche Bereiche historischen Lebens zu veranschaulichen. So bringt er bis zum Ende des Stücks immer neue Figuren auf die Bühne, wie sie in den spätmittelalterlichen Städten gelebt haben mochten: Hofstaat, Ratsherren, schaulustige Prozesszuschauer, Reiterheere, Knechte. Die dramatische Handlung erscheint dadurch besonders bewegt und lebensecht. Goethe reiht eine bunte Einzelszene an die andere, verzichtet dabei oft auf fließende Übergänge oder direkte Zusammenhänge. Verbunden sind die einzelnen Sequenzen allein durch Goethes Anspruch einer Gesamtbetrachtung der Geschichte: Das Publikum soll die Vielfalt und die menschlichen Widersprüchlichkeiten einer versunkenen Epoche nacherleben. Jede Szene, jede Figur, jeder Schauplatz ist dabei ein Baustein dieser Gesamtbetrachtung. Goethe nennt es »innere Geschichte« der Vergangenheit; sie zieht sich wie ein roter Faden durch das Stück und enthält eine Botschaft an das Publikum.[1] So gibt das Thema

Panorama der Geschichte

des Stücks, die Geschichte und das Schicksal des »edlen« Götz von Berlichingen, Lehren für die Gegenwart. Als aufrechter Vorfahr, als Vorbild der Deutschen wird der kämpferische Reichsritter dargestellt, der sich auch unter der letztendlich stärkeren Macht gesellschaftlicher Konventionen nicht verbiegen lässt.

Götz als Vorbild

2. Inhalt

Goethe hat seinen *Götz von Berlichingen* nach klassischem
Dramenschema in fünf Akte eingeteilt, die insgesamt aus 56
Einzelszenen bestehen (– im Folgenden gezählt, mit Seiten-
angabe in Klammern).

Erster Akt (5–37)

1 (5). In einer Waldherberge streiten sich die rebellischen
Bauernführer Metzler und Sievers mit zwei
Kundschaftern des Bischofs von Bamberg.
Hintergrund ist ein Zwist des mächtigen Kir-
chenfürsten mit dem Ritter Götz von Berlichingen. Götz, den die Bauern unterstützen,
lässt unterdessen nach seinem ehemaligen
Jugendfreund Adelbert von Weislingen suchen; dieser lebt
am Hof des Bischofs.

> Konflikt
> zwischen Götz
> und dem
> Bamberger
> Bischof

2 (7). Götz und seine Reiter lauern Weislingen schon seit
Tagen auf, nachdem ihnen der Bischof zuvor entkommen
konnte. Ein Klosterbruder macht Götz seine Aufwartung.
Er bewundert den Unabhängigkeitssinn des kaisertreuen
Ritters, der sich gegenüber den mächtigen Territorialfürsten
wacker behauptet. Da meldet Götz' Knecht Georg die An-
kunft feindlicher Reiter. Götz stürmt ihnen mit seinen Getreuen entgegen.

3 (14). Auf Götz' Burg Jagsthausen bangen seine Ehefrau
Elisabeth, sein kleiner Sohn Carl und seine Schwester Maria
um die Heimkehr des Ritters. Elisabeth hält Weislingen für
einen Verräter, weil dieser den Kaiser gegen ihren Mann ein-

zunehmen versucht. Kurz darauf treffen Götz' Leute mit dem gefangenen Weislingen ein. Götz bietet seinem ehemaligen Weggefährten die Hand; Weislingen schlägt ein.

4 (25). Kurz bevor die Nachricht von Weislingens Gefangennahme in Bamberg eintrifft, erörtert der Bischof mit seinen Getreuen seine Sicht der politischen Lage. Hauptthema ist das deutsche Rechtssystem: die römische Rechtsprechung mit ihrer universellen Anwendbarkeit hat inzwischen das mittelalterliche Faustrecht des Rittertums abgelöst. Dem Bischof von Bamberg sind die alten Reichsritter (Berlichingen und seine Freunde Sickingen und Selbitz) ein Dorn im Auge. Sie unterstehen allein dem Kaiser und weigern sich deshalb, den modernen Territorialstaat und dessen Machthaber anzuerkennen. Außerdem wirft der Kirchenfürst den Rittern Raubzüge vor.

5 (31). Weislingen verlobt sich inzwischen mit Maria von Berlichingen. Vertrauensvoll entlässt Götz den Bräutigam seiner Schwester nach Bamberg, damit er sich dort verabschieden kann. Da überbringt Weislingens Knecht Franz seinem Herrn die Grüße des Bischofs. Er berichtet auch begeistert von einer schönen und reichen jungen Witwe, Adelheid von Walldorf, die derzeit am Bamberger Hof nach einem neuen Mann Ausschau hält.

Zweiter Akt (38–56)

1 (38). Dem Bischof macht derweil Weislingens Frontenwechsel zu schaffen. Er beauftragt seinen Hofnarren Liebetraut damit, Weislingen zurückzuholen. Als Lockvogel soll die schöne Adelheid dienen.

Frontenwechsel Weislingens

2 (41). In Jagsthausen planen Götz und sein Bundesgenosse Hans von Selbitz einen Racheanschlag gegen die Reichsstadt Nürnberg. Mit einem Überfall auf einen Kaufmannszug wollen die Ritter die Nürnberger Stadtväter dafür bestrafen, dass sie den Bamberger Bischof unterstützen und einen Knecht gefangen genommen haben.

3 (42). Unterdessen berichtet Liebetraut dem Bischof von seinem geglückten Versuch, Weislingen durch »Weiber-, Fürstengunst und Schmeichelei« wieder nach Bamberg zu locken.

4 (43). Im Spessart erwarten Götz, Selbitz und Georg die Nürnberger Kaufleute. Die Ritter schicken Georg als Bamberger Reiter verkleidet an den Hof des Bischofs, um dort nach Weislingen zu fahnden.

5 (44). In Bamberg macht der Bischof dem noch schwankenden Weislingen heftige Vorwürfe. Da lässt Adelheid Weislingen zu sich rufen. Er folgt, beabsichtigt aber, anschließend nach Jagsthausen zurückzukehren.

6 (46). In Adelheids Zimmer kann sich Weislingen den Reizen der schönen Witwe kaum entziehen; umso härter treffen ihn ihre Vorwürfe, sich mit einem Raubritter gegen Kaiser und Reich verbündet zu haben. Adelheid gibt Weislingen zu verstehen, dass er am Bamberger Hof viel freier und mächtiger sein könnte denn als Bundesbruder eines Standes, dessen Tage gezählt sind. Weislingens Argumente (freundschaftlicher Treueeid, Verlobung, Heldenmut und Freisinn der Reichsritter) weist Adelheid kategorisch zurück. Um den entflammten Weislingen vollends zu verwirren, entlässt sie ihn in Ungnade.

7 (49). Adelheid verweigert dem schmachtenden Weislingen jeden Kontakt; verwirrt beschließt Weislingen, doch noch am Bamberger Hof zu übernachten.

8 (49). Georg berichtet Berlichingen inzwischen aus Bamberg: Weislingen hat ihm gegenüber seiner Verbindung zu Götz entsagt, sich mit dem Bischof versöhnt und ein Auge auf die schöne Adelheid geworfen.

9 (51). Adelheid treibt den grübelnden Weislingen weiter in die Enge; gleichzeitig macht sie ihm eine Allianz mit ihr und dem Bischof schmackhaft.

10 (54). Bei einer Bauernhochzeit erfahren Berlichingen und Selbitz vom langwierigen und kostspieligen Procedere moderner Gerichtsprozesse römischen Rechts. Angesichts der Missstände fühlt sich Berlichingen in seinem Festhalten an der mittelalterlichen Rechtsprechung bestätigt.

Dritter Akt (57–83)

1 (57). Zwei von Berlichingen überfallene Kaufleute beklagen sich beim Kaiser. Dieser wird von Weislingen begleitet, der die Reichsritter für die Unruhen im Land verantwortlich macht. Weislingen drängt den Kaiser dazu, die Ritter wegen Bruchs des Treueeids zu bestrafen. Der Kaiser beschließt, Götz von Berlichingen auf seine Burg zu verbannen (Achtbefehl).

2 (59). In Jagsthausen hält inzwischen Götz' Bundesgenosse, der Reichsritter Franz von Sickingen, um die Hand der verlassenen Maria an.

3 (60). Währenddessen sammelt sich ein Trupp kaiserlicher Soldaten, um Berlichingen vor das kaiserliche Reichsgericht der Stadt Heilbronn zu bringen.

4 (61). Berlichingen erhält die Nachricht vom kaiserlichen Achtbefehl: außerhalb seiner Burgmauern ist der Ritter vogelfrei, d. h., jedermann darf ihn straflos umbringen, wenn er sich aus seiner Burg entfernt. Um Berlichingen vor den Soldaten zu schützen, trommelt Sickingen Verteidiger zusammen.

5 (63). Weislingens Knecht Franz berichtet Adelheid von den Vorbereitungen zu Berlichingens Gefangennahme.

6 (64). Der junge Recke Lerse verdingt sich bei Götz. Selbitz kündigt an, mit fünfzig Mann Verstärkung zu Hilfe zu kommen. Georg meldet einen kaiserlichen Spähtrupp; Götz und Lerse werfen sich den Soldaten entgegen.

7 (66). Götz, Lerse und Georg nehmen einen feindlichen Knecht gefangen, der sich abseits der kaiserlichen Soldaten im Wald versteckt hat. Stolz erzählt Georg dem Knecht, dass Götz dessen Herrn gerade vom Pferd gestoßen habe.

8 (67). Dieser kann mit gebrochenen Rippen fliehen und berichtet im Heerlager seine Niederlage.

9 (68). Selbitz äußert den Verdacht, dass der kaiserliche Achtbefehl gegen Götz auf eine Intrige Weislingens zurückzuführen sei.

10 (69). Im Heerlager der Reichsarmee beklagt der Hauptmann die drastischen Verluste, die Götz der Truppe zugefügt hat. Der Hauptmann befiehlt seinen Soldaten, den Ritter im geschlossenen Kordon zu überwältigen.

11 (69). Sickingens Reiter treffen auf Götz' Burg ein, als gerade die Reichsarmee erneut zum Angriff bläst. Selbitz führt die zweite Verteidigungsflanke an.

12 (70). Götz pflanzt sich mitten auf dem Kampfplatz auf. Ängstlich geworden, tritt der Hauptmann der Reichsarmee zurück und überlässt einem anderen Ritter die Führung. Die Schlacht beginnt.

13 (70). Selbitz wird verwundet. Etliche von seinen und Sickingens Reitern ergreifen die Flucht. Georg und Lerse springen Götz bei, der den feindlichen Hauptmann besiegt.

Anschließend lässt Berlichingen Selbitz auf seine Burg bringen, um auf den Sieg anzustoßen.

14 (73). Der Hauptmann beklagt die Blamage, dass Götz die Reichsarmee fast allein besiegt habe. Er befiehlt seinen Soldaten, alle liegen gebliebenen Knechte zurückzubringen oder niederzustechen.

15 (73). Götz schickt seine Knechte aus, um weitere Verbündete zu seiner Verteidigung zusammenzutrommeln. Sickingen und Maria werden zur Hochzeit in die Kirche geführt.

16 (74). Der Hauptmann beklagt hohe Verluste.

17 (74). Götz und Elisabeth bestürmen Sickingen und Maria, sich in Sicherheit zu bringen: zweihundert kaiserliche Soldaten sind im Anmarsch. Sickingen verspricht, Hilfe zu schicken. Draußen verliest der Trompeter die kaiserliche Anklage. Götz bekennt sich zum Kaiser, zeigt aber für Armee und Anklageschrift höhnische Verachtung.

Kaiserliche Truppen belagern Götz

18 (77). Der Belagerungsring der Reichsexekution hält an: bei den Eingeschlossenen werden Lebensmittel und Munition knapp.

19 (78). Lerse und ein Knecht gießen Kugeln.

20 (79). Berlichingen schwört seine Mannschaft auf den Kaiser ein. Er sehnt sich nach der auf Treu und Glauben gegründeten Lehensgesellschaft des Mittelalters. Götz bedauert den Kaiser, der zum Spielball intriganter Territorialfürsten geworden ist. Derweil ändern die Belagerer ihre Taktik: Um das Vertrauen des Ritters zu gewinnen, versprechen sie ihm freien Abzug in die kaiserliche Reichsstadt Heilbronn; dort soll er sich als Ehrenmann der kaiserlichen Rechtsprechung unterwerfen. Götz willigt ein.

21 (82). Georg sattelt Berlichingens Pferd für die Reise.

22 (83). Als Götz nach Heilbronn unterwegs ist, überfallen die Belagerer heimtückisch die Burg und nehmen Knechte und Reiter gefangen; darunter ist auch Georg.

Vierter Akt (84–97)

1 (84). Götz hadert mit den Geschehnissen und sorgt sich um seine Leute. Da holt ihn der Gerichtsdiener ab.

2 (85). In Heilbronn wird Götz unter zwei Bedingungen Straffreiheit in Aussicht gestellt: Götz soll sich des Ungehorsams gegenüber dem Kaiser schuldig bekennen; außerdem soll er keine Fehden mehr führen. Götz widerspricht. Er verteidigt sich aus seiner gegensätzlichen Sicht der Dinge heraus: nicht er, sondern die Territorialfürsten hätten sich gegen den Kaiser gestellt. Daraufhin versucht man vergeblich, Götz in Fesseln zu legen. Sickingens Armee überfällt die Stadt, um Götz zu befreien.

3 (90). Sickingen besetzt das Heilbronner Rathaus und verspricht Götz, den Kaiser gnädig zu stimmen.

4 (92). Inzwischen sind Adelheid und Weislingen verheiratet. Weislingen berichtet von Sickingens Befreiungsaktion und vom jüngsten Entschluss des Kaisers, Götz unbehelligt nach Jagsthausen zurückkehren zu lassen. Adelheid hofft darauf, dass der Kaiser bald seinem Nachfolger Platz macht. Das beunruhigt Weislingen, zumal der Thronfolger ein Auge auf Adelheid geworfen hat. Tatsächlich hat Adelheid mit dem Thronfolger ein Verhältnis und denkt darüber nach, Weislingen aus dem Weg zu räumen. Als Mitwisser und Bote fungiert Weislingens

> *Götz wird auf seine Burg verbannt*

Knecht Franz, dem Adelheid ebenfalls den Kopf verdreht hat.

5 (95). In Jagsthausen beschließt Götz, der unter kaiserlichem Hausarrest steht, seine Memoiren niederzuschreiben. Seine Männer berichten ihm von blutigen Aufständen und Plünderungen durch die Bauern.

Fünfter Akt (98–119)

1 (98). Die Bauern rebellieren gegen die Unterdrückung durch die Territorialfürsten. In ihrem Zorn verwüsten und brandschatzen sie ganze Dörfer. Um ihren Forderungen nach Recht und Freiheit vor dem Kaiser mehr Gewicht zu verleihen, beschließen sie, einen kaiserlichen Gefolgsmann zu ihrem Anführer zu machen.

Bauernaufstände, Götz' Gefangenschaft und Tod

2 (100). Nachdem andere Wunschkandidaten abgelehnt haben, Bauernführer zu werden, sagt Götz »auf vier Wochen« zu. Seine Bedingung lautet, dass die Bauern die Verheerungen ab sofort unterlassen. Das entzweit die Rebellen: eine Hälfte erklärt sich einverstanden, andere wollen ihrerseits das Heft in die Hand nehmen.

3 (103). Weislingen versteckt sich auf einer abgelegenen Mühle. In einem Brief befiehlt er Adelheid, Bamberg zu verlassen und sich auf sein entlegenes Schloss zurückzuziehen.

4 (103). Götz und Georg sind auf dem Weg zu den aufständischen Bauern. Elisabeth lässt Sickingen eine Nachricht zukommen. Sie sorgt sich, dass Götz wegen Missachtung des Hausarrestes bestraft werden könnte, zumal als Anführer rebellischer Bauern. Lerse versucht sie mit dem Argument zu beruhigen, dass Götz die Bauern lediglich in bester Absicht unterstütze und sie dabei gleichzeitig mäßige.

5 (105). Götz erkennt, dass die Bauern seine Bedingungen ignorieren, und entzieht ihnen deshalb seine Unterstützung. Inzwischen naht unter Weislingens Führung eine Armee Bamberger Reiter, die nach Götz und den Aufständischen fahnden. Georg wird gefangen genommen, Götz kann verwundet entkommen.

6 (107). In einem Zigeunerlager findet Götz Aufnahme und Hilfe.

7 (108). Die Bamberger Reiter fallen ins Zigeunerlager ein: der Zigeunerhauptmann wird erschossen, Götz gefangen genommen.

8 (109). Wutentbrannt liest Adelheid Weislingens Brief: sie soll aufhören, dem Thronfolger schöne Augen zu machen, und Bamberg verlassen. Adelheid gibt Franz Gift mit, das er Weislingen ins Essen mischen soll.

9 (111). Elisabeth und Lerse sind nach Heilbronn geeilt, wo Götz im Turm gefangen sitzt. Derweil ist Weislingen für die Bestrafung der Aufständischen zuständig: Lerse berichtet von Massenhinrichtungen. Als Elisabeth das hört, macht sie sich auf die Suche nach Maria: sie soll Weislingen erweichen, Götz zu begnadigen.

10 (111). Unterdessen wartet Weislingen auf seinem Schloss vergeblich auf Adelheid. Er ist todkrank; Franz hat ihn vergiftet. Als Maria erscheint, wird er von seinem schlechten Gewissen überwältigt. Auch Franz plagen Gewissensbisse: er macht seinem Herrn ein Geständnis. Mit letzter Kraft zerreißt Weislingen Götz' Todesurteil, um seine eigene Schuld wieder gutzumachen. Er schickt Maria mit einer Botschaft zu seinen Mitkommissaren, damit Götz lediglich zu Hausarrest verurteilt wird.

11 (115). Adelheid wird inzwischen von einem ritterlichen Ältestengericht heimlich zum Tode verurteilt; Weislingen ist tot, Franz hat sich umgebracht.

12 (116). Maria macht sich in Lerses Begleitung auf den Weg zu ihrem Bruder.

13 (116). Elisabeth versucht derweil im Heilbronner Turm, ihrem verzweifelten Mann Mut zu machen: sie bringt ihn an die frische Luft, damit er neue Kraft schöpfen kann.

14 (117). Götz erkennt, dass seine Zeit abgelaufen ist. Da treffen Maria und Lerse ein. Maria weiht Elisabeth in die letzten Geschehnisse ein und berichtet von Georgs Tod. Als Götz von Georgs Tod erfährt, stirbt er; sein letztes Wort ist »Freiheit«. Mit dem Wehklagen seiner letzten Getreuen Elisabeth, Maria und Lerse schließt das Stück.

3. Personen

Götz von Berlichingen ist der Protago-
nist des Dramas. Er verkörpert den letzten
Ritter des deutschen Mittelalters, der seine
Ideale der Freiheit und der Gerechtigkeit

*Götz: ein lebender
Anachronismus*

gegen den Gang der Geschichte verteidigt und scheitert.

Götz sieht sich als freien Reichsritter, der »nur abhängt
von Gott, seinem Kaiser und sich selbst« (23). In der mittelalterlichen Lehensgesellschaft verteidigten die Ritter Kaiser
und Reich gegen äußere Angriffe wie innere Feinde. Sie un-
terstanden allein dem Befehl des Kaisers und genossen seinen Schutz. Götz nimmt innerhalb dieses Rahmens für sich
in Anspruch, unabhängig und frei zu sein.[2] So weigert sich
der Ritter, die Machtansprüche der erstarkenden Territorialfürsten (z. B. des Bamberger Bischofs) anzuerkennen. Für
Götz ist der Kaiser die alleinige Herrscherinstanz. Sinnbild
seiner uneingeschränkten Treue zum Kaiser ist die eiserne
Hand. Gleichzeitig weist die Eisenhand auf das mittelalterliche Faustrecht hin: Unter den Rittern des Mittelalters gab
es keine verbindlich festgeschriebene Rechtsprechung, stattdessen wurde begangenes Unrecht durch Fehde (Bestra-
fungsaktion in Selbstjustiz) oder im ritterlichen Zweikampf
gesühnt. Der Ausgang des meist für eine Seite tödlichen
Zweikampfes galt als Gottesurteil. Durch sein Kämpfer-
glück sieht sich Götz also immer wieder in seiner Rechts-
auffassung bestätigt.

Weltsicht und Wertesystem Götz von Berlichingens ent-
stammen dem ritterlichen Verhaltenskodex der mittelalterlichen Lehensgesellschaft. Deren Grundpfeiler sind bedin-
gungslose Treue und Vertrauen (»Glaube«) gegenüber dem

kaiserlichen (Lehens-)Herrn. Diese ritterliche Werteordnung ist Götz »heilig« (19), da sie aus seiner Sicht göttlich legitimiert ist. In seiner einfach und klar strukturierten Welt hat für Götz kein anderer Machthaber Platz. Die Territorialfürsten aber unterhalten ihre eigenen Armeen, was die Reichsritter zunehmend überflüssig macht. Zudem betrachtet Götz den Bischof von Bamberg, der sich durch Intrigen zunehmend politischen Einfluss verschafft, als unrechtmäßigen Rivalen des Kaisers. Götz wehrt sich auch gegen die vom Bischof eingeführte römische Rechtsprechung. Noch schwerer wiegt in seinen Augen die Beseitigung des mittelalterlichen Faustrechts, mit dem die Ritter das Unrecht bekämpften.

Götz fühlt sich angegriffen: Um seine Ideale der Freiheit und der Gerechtigkeit sowie den kranken Kaiser zu verteidigen, stellt sich der alte Ritter dem Kampf gegen die gesellschaftlichen Umwälzungen. Seine Maxime lautet, »zu sterben eh, als die Luft jemanden zu verdanken, außer Gott, und unsere Treu und Dienst zu leisten, als dem Kaiser« (24f.).

Trotz dieser unerschütterlichen Position, die er bis zum Ende des Stücks beibehält, ist Götz aber alles andere als eine einseitig strukturierte Figur. Vielmehr ergänzt Goethe das heroische Selbstbild des Ritters durch zahlreiche Fremdcharakterisierungen aus unterschiedlichen Figurenperspektiven. Auf diese Weise entsteht das Gesamtbild einer komplexen und damit menschlich wahrscheinlichen Figurenpersönlichkeit, mit der sich das Publikum identifizieren kann.

So wird Götz einerseits vom Klosterbruder Martin als alter, treuherziger Ritter bewundert, der seinen Idealen auch bei Gefahr für Leib und Leben treu bleibt. Bei seinen Freunden genießt Götz den Ruf, »das Muster eines Ritters« zu sein, nämlich »tapfer und edel in seiner Freiheit, und gelassen und treu im Unglück« (96). Stellenweise wird Götz zur Robin-Hood-Legende stilisiert; so nennt Bruder Martin ihn den »Mann den die Fürsten hassen, und zu dem die Bedrängten sich wenden« (13).

Götz selbst strebt nach dem selbst gesteckten Idealbild des freien, kaisertreuen Ritters, der sich niemals an niederer Politik beteiligt (87): »Solang's [am Wein] nicht mangelt, und an frischem Mut, lach ich der Fürsten Herrschsucht und Ränke« (7). Freiheit, Rechtschaffenheit, Mut und persönliches Engagement zur Verteidigung seiner Ideale bestimmen Götz' Lebensweg.

Für die zunehmenden Machtansprüche territorialer Fürsten und deren Netze politischer Abhängigkeiten hat Götz nur Verachtung übrig. Der zunehmende Machtverlust des Kaisers erfüllt ihn mit Verbitterung: »Er muss den Reichsständen die Mäuse fangen, inzwischen die Ratten seine Besitztümer annagen« (80). Mit den »Ratten« sind der Bischof und andere Territorialfürsten gemeint, die gegen den Kaiser intrigieren. Als Kopf des unübersichtlichen, in zahlreiche Regionalfürstentümer aufgesplitterten Deutschen Reiches wäre der Kaiser deshalb nach Götz' Überzeugung »lieber tot, als länger die Seele eines so krüpplichen Körpers zu sein« (80).

Angesichts der durchgreifenden gesellschaftlichen Umwälzungen, in deren Lauf der Kaiser durch Götz' Gegenspieler sogar erfolgreich gegen seinen treuen Gefolgsmann eingenommen wird, erahnt der alte Ritter vorzeitig seinen Untergang (vgl. 91). Die fortschreitende Krankheit des altersschwachen Kaisers deutet Götz als Sinnbild für die eigene, untergehende Zeit: »Unsere Bahn geht zu Ende« (97). Am Ende scheitert Götz: Seine Ideale haben sich überlebt. In der neuzeitlichen Welt, die das Mittelalter ablöst, ist für den alten Reichsritter kein Platz.

Sang- und klanglos geht Götz aber nicht unter: Das letzte Wort des Ritters – »Freiheit« – steht am Ende des Stücks ebenso im Raum wie der Nachruf seiner wenigen übrig gebliebenen Getreuen: »Wehe der Nachkommenschaft die dich verkennt!« (119).

Tatsächlich galt der historische Götz dem jungen Goethe als Idol; Goethe bewunderte den Freiheitssinn und die Prinzipientreue des Ritters. Mit seinem gleichnamigen Drama wollte er deshalb einem »aufrechten Deutschen« aus dem absolutistischen 18. Jahrhundert heraus ein Denkmal setzen.

Götz: ein Idol des Sturm und Drang

Weislingen stammt – wie Götz – aus dem freien Ritteradel; in ihrer Jugend waren die beiden Männer befreundet. Im Verlauf der Handlung wird Weislingen als Höfling des Bischofs von Bamberg zu einem mächtigen Gegenspieler des Protagonisten.

Weislingen: Götz' Gegenspieler

Sein sprechender Name (»Weißfisch«, 61) charakterisiert ihn als opportunistischen Kaltblüter. Die Zeichen der Zeit (den bevorstehenden Untergang des Rittertums) hat Weislingen früh erkannt; so zieht er den »Schutz« des mächtigen Bischofs seiner unabhängigen Stellung als Reichsritter vor.

Weislingens ehrgeiziger Opportunismus verhilft ihm im Netzwerk der politischen Abhängigkeiten am Bamberger Hof zu einer raschen Karriere: zunächst ist er Berater des Bischofs, später bischöflicher Botschafter beim Kaiser und schließlich kaiserlicher Kommissar.

Machtpolitiker und Ränkeschmied

Götz wirft Weislingen vor, in seinem Lebenswandel der ritterlichen Moral den Rücken gekehrt zu haben, um seiner Ruhmsucht und dem »Schlenzen und Scharwenzen mit den Weibern« zu frönen (22 f.). Weislingen geht zu Gunsten seiner Höflingskarriere sogar über Leichen. So veranlasst er Massenhinrichtungen und lässt Götz zum Tode verurteilen. Zudem nutzt Weislingen das Vertrauen des alten Kaisers aus, den er aus Ritterzeiten kennt, und intrigiert gegen ihn (was aus ritterlicher Sicht eine Todsünde ist).

Wegen seiner Undurchsichtigkeit bezeichnet Adelheid Weislingen als »Chamäleon« (46); Götz nennt ihn »Spitzbub« (S. 22). Eitelkeit und Machtbegehren erkennt der Hofnarr Liebetraut als Antriebsfedern Weislingens, den man mit »Weiber-, Fürstengunst und Schmeichelei« (43) ködern kann. So lässt sich Weislingen auch nach einem Frontenwechsel problemlos wieder an den Bamberger Hof binden.

Sein steiler Aufstieg lenkt Weislingen von den wahren Machtverhältnissen ab: nicht der Bamberger Hof ist sein »Werkzeug« auf dem Weg zur Macht, sondern es ist vielmehr Weislingen selbst, der sich für fremde Zwecke einspannen lässt. So beteiligt er sich an Intrigen gegen Dritte, durchschaut aber andererseits zu spät jene Intrigen, die gegen ihn selbst gerichtet sind (z. B. Adelheids Doppelspiel als Ehefrau Weislingens und Geliebte des kaiserlichen Thronfolgers). Ausgerechnet die eigene Ehefrau vergiftet ihn. Weislingen scheitert, weil er sich von seiner Eitelkeit hat blenden lassen: zu lange hat er seine Abhängigkeit von ebenjenen Menschen verdrängt, die er seinerseits zu »beherrschen« glaubte (34).

Weislingens Weltbild und Charakter stehen im völligen Gegensatz zur Werteordnung und Lebensweise Götz von Berlichingens. Sein Lebensziel ist nicht Gerechtigkeit, sondern Macht; dem freien, einfachen Lebenswandel Götz' zieht Weislingen das prunkvolle Hofleben vor. Um sein Ziel zu erreichen, verzichtet Weislingen auf die Unabhängigkeit des Ritterlebens und lässt sich protegieren. Nicht Treue zum Kaiser, sondern doppelzüngige Vereinnahmung des schwachen Reichsoberhaupts zu Gunsten eigener Ziele lautet dabei seine Devise.

Erfolgreich verdrängt Weislingen dabei das Bewusstsein der Sinnlosigkeit seines »beschwerlichen Strebens nach versagter Größe« (34). Sein Verhalten zeigt, dass er eine komplex angelegte Figur ist. Dass Weislingen auch gute Charaktereigenschaften hat, deutet sein Vorname Adelbert (ahd. ›edel, glänzend‹) an; ebenso seine frühere Stellung als »Zwillingsbruder seines Freundes« Götz (22).

Zudem gelingt es Götz kurz nach Weislingens Gefangennahme, den abtrünnigen Bundesbruder wieder auf seine Seite zu ziehen. Weislingens erneuerter freundschaftlicher Treueeid zu Götz besteht zunächst sogar vor dem Bischofsthron (vgl. 44 f.). Doch die Reize der schönen Witwe Adelheid und die geschickten Intrigen des schlauen Liebetraut packen Weislingen an seiner schwächsten Stelle – der Eitelkeit; seine guten Vorsätze sind mit einem Schlag dahin.

Insgesamt ist Weislingen also weniger ein schlechter als ein schwacher Charakter, der immer wieder von der eigenen Ehrsucht zum Verrat an Treu und Glauben (Freundschaftseid, Eheversprechen) verführt wird. In diesen Dingen handelt Weislingen, wie der Menschenkenner Liebetraut analysiert, »ohne zu wollen«, d. h., er ist leicht beeinflussbar und macht sein Verhalten von der jeweiligen Situation abhängig (43). Seiner Schwächen ist sich Weislingen – zu seinem eigenen Leidwesen – durchaus bewusst (113 ff.). Deshalb gelingt es ihm auch nicht immer, seine Unsicherheit nach außen zu verbergen. So berichtet Berlichingens Knecht Georg, der mächtige Weislingen habe »kaum das Herz [gehabt], mich anzusehen, mich, einen schlechten Reitersjungen« (50). Paradoxerweise gesteht Weislingen sich seine Schwäche erst ein, als er die Machtprobe gegen Götz gewonnen hat: »Er ist gefangen und ich zittere vor ihm« (112).

Ehe Weislingen stirbt, empfängt er von Götz' Schwester Maria, die er betrogen hat (und die bezeichnenderweise den Namen der Barmherzigen Gottesmutter trägt), eine Art Generalabsolution: Weislingen bereut, und Maria leistet Fürbitte für seine Sünden. Zuletzt erhält er durch Maria sogar die Gelegenheit zu einer letzten irdischen Wiedergutmachung seiner Taten. So macht er seinen Einfluss diesmal zu Gunsten des gefangenen Götz geltend und zerreißt dessen Todesurteil.

Nach christlicher Lesart stirbt Weislingen damit im Frieden mit sich und der himmlischen Gerechtigkeit; sein Tod ist die Buße für begangenes Unrecht. Dies rehabilitiert Weislingen am Ende des Stücks zwar nicht, aber immerhin kehrt er durch christliche Vergebung postum wieder in den Kreis der Gläubigen zurück.

Adelheid von Walldorf, verehelichte von Weislingen ist die Witwe eines reichen Edelmannes und, wie Weislingen, auf Macht und Reichtum aus. Ihre Ziele verfolgt Adelheid mit kaltblütiger Berechnung und ohne Rücksicht auf andere; einem (unwiderlegten) Gerücht zufolge soll sie sogar ihren ersten Ehemann gewaltsam zu Tode gebracht haben. Da passt es ins Bild, dass Adelheid später auch Weislingen vergiften lässt.

Adelheid kennt offensichtlich nur reine Vernunftbeziehungen; Gefühle oder Liebe zeigt sie im Verlauf der Handlung an keiner Stelle. Sie registriert vielmehr erstaunt die devote Anhänglichkeit von Weislingens Knecht Franz.

Die Gefühle anderer macht Adelheid sich heimtückisch zu Nutze, um mächtige Männer an sich zu binden. So fungiert sie als weiblicher Lockvogel, um Weislingen an den Hof des Bischofs zurückzuholen. Neben ihrem scharfen Verstand kommt der Strippenzieherin auch ihre Schönheit zugute, die geradezu dämonische Züge trägt (vgl. 36) und später vor allem Weislingens Knecht Franz zu ihrem hörigen Sklaven werden lässt (vgl. 94 f.). Auch diesen umgarnt Adelheid, um ihn sich als Komplizen zu sichern. Inzwischen bindet sie Weislingen durch Heirat an sich; parallel dazu beginnt sie ein Verhältnis mit dem kaiserlichen Thronfolger Carl. Angesichts der zunehmenden Eifersucht Weislingens, der sie auf sein einsam gelegenes Schloss zu verbannen versucht, lässt Adelheid ihren Ehemann schließlich durch Franz vergiften: »Die Unternehmungen meines Busens sind zu groß, als dass du ihnen im Wege stehen solltest. […] mein Weg geht über dich hin« (94).

Ⅰ **Elisabeth von Berlichingen** ist Götz' Ehefrau und engste Vertraute; sie steht ihm bis zu seinem Untergang treu zur Seite.

Maria von Berlichingen, verehelichte von Sickingen, ist Götz' Schwester. Nachdem Weislingen sein Eheversprechen ihr gegenüber nicht einlöst, heiratet Götz' Freund Franz von Sickingen die Verlassene.

Ⅰ Maria ist »liebreich und schön« und wie ihr Bruder eine ehrliche, aufrichtige Person (37). Sie trägt nicht zufällig den Namen der Gottesmutter Maria, und auch an anderen Stellen finden sich Querverweise auf die Bibel.

So ist Maria für Weislingen ein »Engel des
Himmels«, der »Unschuld und Liebe« (37)
(christliche Barmherzigkeit) verkörpert.

Die Barmherzige

Obwohl Maria ihm verzeiht, birgt sie in ihrer Reinheit für
ihn, den Schuldbeladenen, »die Qualen der Hölle« (112).
Denn als Maria den phantasierenden Weislingen an seinem
Sterbebett aufsucht, erscheint sie ihm wie ein Traumbild, das
ihn in an verdrängte Lebenssünden erinnert. Maria ist es
aber auch, die in seiner Todesstunde für sein Seelenheil betet
(vgl. 114).

Carl von Berlichingen ist das einzige Kind von Götz und
Elisabeth. Der Kleine schlägt ganz und gar nicht nach
dem Vater, sondern zeigt schon früh deutliche Affinitäten
zur französisch-höfischen Lebensweise, indem er nach
Zerstreuung und Luxus verlangt.[3] So lässt sich das Kind
von seiner Tante den ganzen Tag lang Märchen erzählen;
zum Nachtisch wünscht es sich einen Bratapfel, anstatt diesen nach Art seines Vaters roh zu essen. Dass Carl darüber
hinaus verweichlicht und für das rauhe Ritterleben denkbar
ungeeignet ist, verdeutlicht auch seine Angst vor Reitzügen:
»da muss man durch einen dicken, dicken Wald, sind
Zigeuner und Hexen drin« (16). Dass Götz und sein Sohn
einander fremd sind, wird offensichtlich,
als der kleine Junge seinen Vater nicht
erkennt (vgl. 20). »Der wird nicht sein Vater« (18), prophezeit ein Gefolgsmann und

*Götz' Geschlecht
stirbt aus*

behält Recht: Carl geht später ins Kloster, und Götz von
Berlichingen bleibt ohne Nachkommen.

Bruder Martin tritt nur einmal auf (I,2). Bei einem Besuch
auf Götz' Burg offenbart sich der ernste junge Mönch als

glühender Bewunderer des Ritters. Martin beneidet Götz um dessen »Tapferkeit und Stärke«, konsequent für seine Überzeugungen zu kämpfen. Sein eigenes Klosterleben erscheint Martin dagegen als »Käfig«: zwar fühlt er sich dort geborgen, doch belastet ihn die eigene Ohnmacht, sich und die Welt zum Besseren zu verändern (vgl. 11 f.). Wichtigste Funktion der Szene mit Bruder Martin ist, den unter den übrigen Figuren umstrittenen Götz gegenüber der Nachwelt von moralischer Zweifelhaftigkeit zu befreien. In diesem Sinne zu verstehen sind auch die Legendenbildung mit Götz als »Mann, [...] zu dem die Bedrängten sich wenden« sowie die Überhöhung seiner Eisenhand zur Reliquie (13).

Die freien Ritter Franz von Sickingen und **Hans von Selbitz** sind Götz' Freunde und Verbündete; sie kommen dem Protagonisten in jeder brenzligen Situation zu Hilfe. So stellt Sickingen durch Heirat die Ehre von Götz' Schwester Maria wieder her, nachdem sie von Weislingen verlassen wurde (vgl. 61 f.). Als Weislingens Intrige gegen Götz fruchtet und der Kaiser seine Soldaten gegen Götz ausschickt (3. Akt), schlagen Sickingen und Selbitz die kaiserliche Armee in die Flucht; dabei wird Selbitz schwer verwundet. Als Götz im 4. Akt durch List überwältigt und in Heilbronn in einem Schauprozess verurteilt werden soll, befreit Sickingen ihn mit seinen Reitern. Damit Götz' Ritterehre erhalten bleibt, setzt sich Sickingen außerdem dafür ein, dass der Kaiser ihn vergleichsweise milde bestraft.

Die **Zigeuner** und **Bauern** sind der unterdrückte Teil der Bevölkerung. So sind die Zigeuner als soziale Randgruppe das schwächste Glied der Gesellschaft; die Bauern werden von ihren adligen Herren in Unfreiheit und Armut gehalten. Der freiheitsliebende Götz hat für die Belange der Zigeuner und Bauern ein offenes Ohr; als Kämpfer für die Gerechtigkeit genießt der Ritter bei den Zigeunern und Bauern große Beliebtheit und Autorität (vgl. 54 ff.). Deshalb setzen die Zigeuner ihr eigenes Leben ein, um Götz vor den kaiserlichen Soldaten zu beschützen (vgl. 108 f.).

Die Bauern hoffen darauf, sich mit Götz' Unterstützung aus dem Frondienst an ihren adligen Herren befreien zu können. Die Rebellenführer Metzler, Sievers, Link, Kohl und Wild organisieren den bewaffneten Aufstand ganzer Landstriche. Zum Hauptmann wählen sie Götz von Berlichingen, der bekanntermaßen den Respekt des Kaisers genießt. Götz versucht mit Hilfe seiner neu gewonnenen Autorität den Freiheitskampf der Bauern in geordnete Bahnen zu lenken. Um zu verhindern, dass die Bauern ihrerseits Unrecht begehen, nimmt Götz den Rebellenführern das Versprechen ab, ihre Anliegen friedlich zu verfolgen (vgl. 101 f.). Ein radikaler Teil der Aufständischen fühlt sich allerdings nicht daran gebunden und brandschatzt ganze Dörfer. Empört sagt sich Götz daraufhin von den Bauern los. Die radikalen Rebellen eröffnen deshalb eine Hetzjagd auf Götz, doch die kaiserlichen Truppen kommen ihnen zuvor: zusammen mit weiteren Spießgesellen werden die Rebellenführer Metzler, Sievers, Link, Kohl und Wild gefangen gesetzt und hingerichtet.

Dass Götz den Freiheitskampf der Bauern zunächst unterstützt, am Ende des Stücks aber ihre blutigen Machenschaften scharf verurteilt, hat einen wichtigen Grund. Goethe charakterisiert Götz als einen Kämpfer für Gerechtigkeit, dessen Ideale und Motive über jeden Zweifel erhaben sind.[4] Götz' tatkräftiger Einsatz für Freiheit und Gerechtigkeit schließt daher die Unterstützung jedweden Unrechts, auch das mordender und plündernder Kämpfer für ihre Freiheit, aus.

Liebetraut ist in erster Linie »dazu bestellt, Wahrheiten zu sagen« (28): als bischöflicher Hofnarr genießt er das Vorrecht der »Kinder und Narren«, auch Unangenehmes auszusprechen (vgl. 42). Dabei kommt es im Stück immer wieder zu ebenso peinlichen wie komischen Situationen. So gratuliert er dem bürgerlichen Rechtsgelehrten Olearius öffentlich zur Latinisierung seines ursprünglichen Namens Ö(h)lmann, welche einen »Nimbus von Ehrwürdigkeit und Heiligkeit« um ihn »herumlügt« und so einen fehlenden Adelstitel kompensiert (28). Auf Liebetrauts diplomatische Tabubrüche reagiert des Umfeld zumeist mit Gelächter; nicht alle Seitenhiebe werden sofort erkannt. Immerhin ist die traditionelle Hauptfunktion des Spaßmachers die Belustigung seines Herrn; so unterhält Liebetraut den bischöflichen Hof zu beschaulichen Anlässen auch mit Liedern (vgl. 38). Dass Liebetraut bei aller Spaßmacherei aber auch ein anerkannter Menschenkenner ist, wird deutlich, als ihn der Bischof mit der schwierigen Mission beauftragt, Weislingen zum Treuebruch an Götz und Maria zu bewegen (vgl. 39f.).

Kaiser Maximilian tritt nur einmal im Stück direkt auf, nämlich als Weislingen ihn gegen Götz einzunehmen versucht. In dieser Szene (III,1) zeigt sich der Kaiser von seiner schwächsten Seite. So plagen ihn neben Missständen und gescheiterten Reformvorhaben (»so viel halbe, so viel verunglückte Unternehmungen«, 54) vor allem die »Grillen« vieler Fürsten, die zunehmend ihren eigenen Machtinteressen nachgehen. Entsprechend lautet Götz' Einschätzung über den Kaiser: »Er meint's gut, und möcht gern bessern. Da kommt denn alle Tage ein neuer Pfannenflicker, und meint so und so« (23).

Der Kaiser als Garant für Gerechtigkeit

In seiner Unsicherheit lässt sich der Kaiser nun von Weislingen einreden, dass die freie Ritterschaft und allen voran Götz von Berlichingen für die sozialen Missstände im zerstrittenen Riesenreich verantwortlich seien. Damit wird deutlich: Der Kaiser ist ein schwacher Herrscher, der die Machenschaften der Fürsten, allen voran des Bischofs von Bamberg, nicht durchschaut.

Zudem haben der Kaiser und Götz »einerlei Schicksal«: Wie Götz hängt Maximilian noch der ritterlichen Gesellschaftsordnung des Mittelalters an; die Veränderungen im Reich und der absolutistische Machtanspruch vieler Fürsten sind ihm fremd. Sein hohes Alter und seine Krankheit (vgl. 97) stehen als Sinnbilder dafür, dass er Repräsentant eines untergehenden Zeitalters ist; mit dem neuen Zeitalter und dessen eigenmächtigen Fürstentümern ist der Kaiser überfordert. Tragische Fehlentscheidungen sind die Folge: seine »Mild und Gnade« (58 f.) entzieht er ausgerechnet den wenigen kaisertreuen Reichsrittern, die ihm noch geblieben sind. Dabei lässt er sich von jenen instrumentalisieren, die ihm schaden wollen.

Der **Bischof von Bamberg** ist (wie der **Abt von Fulda**) in erster Linie ein Machtpolitiker, der seine kirchliche Autorität und den allmählichen Zerfall des deutschen Kaiserreiches für seine Zwecke nutzt. Dabei versucht sich der Bischof gegen seine nichtkirchlichen Nachbarfürsten

durchzusetzen; hier kommt ihm Weislingens Vertrauensver-
hältnis zum Kaiser zugute (vgl. 44 f.).

▌ Der Bischof ist ein Beispiel für die territorialen (Kir-
chen)-Fürsten, die im deutschen Spätmittel-
alter zum Untergang der Reichsritter beitru-
gen und damit den Kaiser um dessen wichtigste Stützpfeiler brachten. Dafür wurden
die Territorialfürsten immer mächtiger. So
hat der Bischof mit seinem Hof ein eigenes Netz politischer Abhängigkeiten geschaffen, an dem nur wenige
vorbeikommen.

> *Der Absolutismus
> verdrängt
> das Kaiserreich*

Die Personenkonstellation

Außer der **Hauptfigur** (Götz), deren **Gegenspieler** (Weislingen) und den beiden Lagern zugeordneten **Nebenfiguren**
treten zahlreiche **Randfiguren** und **Statisten** auf. Diese dienen vor allem der anschaulichen und historisch wahrscheinlichen Ausschmückung der dramatischen Handlung oder
beleuchten einen Sachverhalt aus einer anderen Perspektive.
Dabei sprechen diese Figuren aber nur sehr wenig oder gar
nicht; meist treten sie nur in jeweils einer Szene kurz auf.
Randfiguren bzw. Statisten sind der Abt von Fulda, der
Rechtsgelehrte Ö(h)lmann/Olearius, Götz' Knecht Georg,
Götz' Gefolgsmann Lerse sowie »Berlichings'che, Weisling'sche, Bambergsche Reiter«, kaiserliche Soldaten, Weislingens Knecht Franz, Adelheids Kammerfräulein, der
Bamberger Hofstaat, Heilbronner Ratsherren und Bürger,
kaiserliche Räte, Femerichter, die Stadtwache, Gefängnis-
wärter, Schankwirt, zwei Nürnberger Kaufleute und der
pfalzgräfliche Diener Max Stumpf.

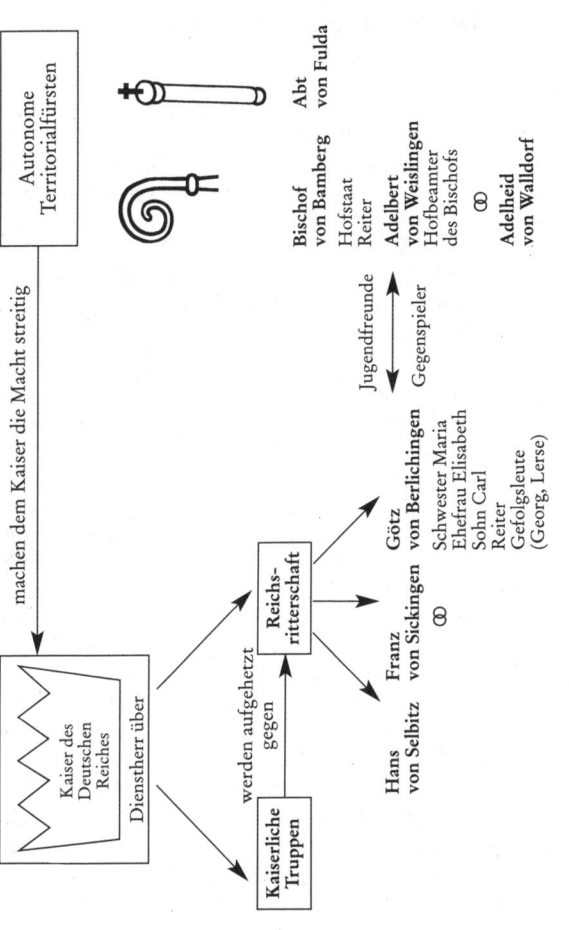

4. Die Struktur des Werks

Götz von Berlichingen ist ein Drama in 5 Akten und hat 56 Szenen. Kaum zählbar sind dagegen die *dramatis personae* (handelnden Figuren): über 40 Sprechrollen; neue Figuren werden teilweise bis zum Ende des Stückes eingeführt (z. B. Zigeuner, Femerichter).

Ähnlich vielfältig sind auch die über 50 Schauplätze. Wegen der häufigen Orts- und Szenenwechsel und wegen des großen Figurenaufgebotes lehnten zu Goethes Zeiten viele Bühnen ab, das Stück zu spielen.

Irritationen löste das Stück zunächst auch bei einigen zeitgenössischen Literaturkritikern aus.

Bruch mit dem klassischen Dramenschema

Denn Goethe hatte mit den damals vorherrschenden Traditionen der Dramendichtung gebrochen. Diese waren von französischen Klassizisten auf der Grundlage von Aristoteles' Beschreibung antiker Dramendichtung zur Norm erhoben worden. Bis 1771 galten deshalb auch in Deutschland folgende Regeln:

– Einheit der dramatischen Handlung (*ein* linearer Handlungsstrang, keine Nebenhandlungen),
– Einheit des Ortes (*ein* zusammenhängender Schauplatz),
– Einheit der Zeit (die Handlung sollte möglichst den Ablauf eines Tages nicht überschreiten),
– Unterscheidung zwischen Tragödie und Komödie: Die Tragödie wurde bei Hofe gespielt und war königlichen oder adligen Helden vorbehalten. Thema der Tragödie war das tragische Schicksal eines großen Menschen, das im Publikum eine ›Reinigung‹ von den Leidenschaften durch Furcht

und Schrecken (griech. *Katharsis*) erzeugen sollte. Auf die Rührung des Publikums (griech. *Pathos*) war auch die kunstvoll ausgestaltete Sprache der Tragödie abgestimmt: ihren üppigen Redeschmuck (Klagemonologe, Metaphern, Ausrufe etc.) nannte man »hohen Stil«. Ziel der Tragödie war es, die Menschen zu moralischem Lebenswandel zu läutern.

Zur Belustigung des Publikums diente hingegen die Komödie. Ihr Thema waren lächerliche Geschichten über einfache Leute. Die Figuren der Komödie stammten aus den niederen Bevölkerungsschichten; sie sprachen die einfache, derbe Sprache des Volkes (»niederer Stil«), die in der Tragödiendichtung als »unschicklich« verpönt war. Sprache und Stilhöhe richteten sich im antiken Theater streng nach der Herkunft des Figurenarsenals. Den absolutistischen Machthabern im 17./18. Jahrhundert war diese Ständetrennung ein wichtiges Anliegen, um in der Bevölkerung keine Gedanken an gesellschaftliche Veränderungen aufkommen zu lassen.

Bei Goethe hingegen treten ranghohe und niedrige Figuren nebeneinander auf. Goethe hält sich auch nicht an die Einheit von Ort und Zeit, während die Handlung auf Götz' Person konzentriert ist. Allerdings gibt es zahlreiche *Goethes Theaterkonzeption* Nebenhandlungen (z. B. die Vorgänge am Bamberger Hof) sowie eigenständige Szenarien, die vor allem der Veranschaulichung historischer Lebensformen dienen sollen (Zigeunerlager, Femegericht).

Die dramatischen Schauplätze richten sich nach der Handlung und wechseln deshalb nach fast jeder Szene. Diese »harten Schnitte« erzeugen, vergleichbar dem modernen Film, die Illusion dramatischer Gleichzeitigkeit an unterschiedlichen Orten: für die Dramendichtung im 18. Jahrhundert eine Innovation.

Wie die Schauplätze richtet Goethe auch die Zeitdarstellung nach der Handlung; allerdings kommt es hier zu Ungereimtheiten. So tritt Götz' Sohn Carl zu Beginn des Stücks als Kleinkind auf; in der letzten Szene erfahren wir von seinem Eintritt ins Kloster (vgl. 118). Diese Zeitraffung passt nicht zur gesamten Handlungsdauer von einem Monat. Andererseits fallen bei der Darstellung etwa von Schlachten (die von Knechten berichtet werden) Handlungsdauer (dargestellte Zeit) und Spieldauer (Darstellungszeit) zusammen.

In verschiedener Hinsicht war also Goethes Stück, das erheblich von den tradierten Regeln abwich, für zeitgenössische Verhältnisse in Deutschland neuartig.

Goethe ist aber nicht der erste, der seinerzeit das europäische Theater verändert hat. Sein direktes Vorbild ist der Engländer William Shakespeare (1564–1616): Dieser feierte schon 150 Jahre zuvor mit seinen großen Geschichtsdramen über englische Könige in allen Bevölkerungsschichten Erfolge.

Goethes Vorbild: William Shakespeare

Goethe macht sich deshalb 1770 daran, Shakespeares Erfolgsrezept auf deutsche Verhältnisse zu übertragen. An die Stelle der klassischen geschlossenen Form (5 Akte, Einheit von Ort, Zeit und Handlung) trat die moderne offene Form: Szeneneinteilung, Figurenarsenal, Ort und Zeit orientieren sich wie bei Shakespeare allein an den Bedürfnissen der dramatischen Handlung. Goethe bemüht sich wie Shakespeare um eine lebensnahe Darstellung historischer Epochen und illustriert verschiedene Bereiche gesellschaftlichen Zusammenlebens durch anschauliche

Szenen sowie Figuren aus unterschiedlichen Bevölkerungsschichten.

An das aristotelische Theater erinnert lediglich noch die Einteilung in 5 Akte (auf die Shakespeare ebenfalls Wert legte, um der Handlung eine äußere Struktur zu geben). So führt der **1. Akt** in die Handlung ein (Exposition): Götz wird als aufrechter Charakter dargestellt, der für seine Überzeugungen (Freiheit aller Menschen, politische Unabhängigkeit) kämpft. Dabei wird er durch Bruder Martin zum idealen Ritter stilisiert.

> *Handlungs-aufbau: Zusam-menfassung*

Im **2. Akt** (Spannungssteigerung) entscheidet sich Götz' ehemaliger Jugendfreund (Weislingen) nach einigem Schwanken endgültig, zu Götz' Gegenspieler (Bischof von Bamberg) überzulaufen. Damit hat Götz an Einfluss verloren.

Den Höhepunkt bringt der **3. Akt**: eine Verschwörung der Gegenseite (Bischof, Weislingen) gegen Götz lässt diesen beim Kaiser in Ungnade fallen. Götz' Burg wird angegriffen, der Protagonist überwältigt und vor ein Tribunal gestellt. Sein späteres Scheitern zeichnet sich bereits deutlich ab.

Durch den **4. Akt** wird Götz' Untergang verzögert (Retardation): Götz wird zunächst lediglich auf seine Burg verbannt, wo er seine Memoiren schreibt.

Im **5. Akt** ereignet sich die Katastrophe: Inmitten blutiger Bauernaufstände, in die Götz verwickelt wird, lässt Weislingen Götz gefangen setzen und zum Tode verurteilen. Götz erkennt, dass seine Gegenspieler mächtiger sind als er. Nachdem er sich zeitlebens für die Freiheit eingesetzt hat, stirbt er in Gefangenschaft.

5. Wort- und Sacherläuterungen

3,13 **beider Rechte Doktor:** Gemeint sind Kirchen- und Zivilrecht.

3,25 **Richter des heimlichen Gerichts:** Gemeint ist das mittelalterliche Femegericht, das Goethe durch Hinzudichtung einer (un)heimlichen Atmosphäre tiefer Kellergewölbe mit dem »dunklen Mittelalter« verknüpfen wollte.

5,14 **Gleit:** Geleit (Schutzbegleitung).

5,22 **Händel:** Streit.

6,9 **räsoniert:** nörgelt.

6,13 f. **despektierlich:** verächtlich.

6,27 f. **plauen:** zu: ›bleuen‹ (bläuen), schlagen.

7,11 **passen:** warten, lauern.

7,21 **Bengel:** Knüppel.

8,11 **Kürass:** Körperpanzer aus Leder (von frz. *cuirasse*).

8,26 **Hansen:** dem Hans. Diese altertümliche Dativ-Form kommt im Stück häufig vor.

13,35 f. **Wie mir's so eng …:** biblische Anspielung auf Lukas 24,32.

14,1 f. **mein Geist konnte doch …:** biblische Anspielung auf 1. Korintherbrief 12,10.

17,5 **des Markgrafen:** Gemeint ist hier der Verwalter der Mark Brandenburg-Ansbach (mhd. *marke* ›Grenze, Grenzgebiet‹). Die Mark Brandenburg war eine der wichtigsten Marken.

17,11 **Türner:** Türmer.

17,30 **weidlich:** wacker, frisch. Ursprüngl.: Adjektiv des mhd. Wortes *weiden* ›jagen‹.

18,34 **meines gnädigen Herrn des Pfalzgrafen:** Gemeint

ist hier Kurfürst Ludwig bei (am) Rhein. Der Titel »Pfalz-graf« bezeichnet die fürstlichen Vorstandsmitglieder im königlichen Gericht. Götz war Lehensmann Ludwigs, d. h., er stand unter Ludwigs Schutz und diente ihm dafür in Fehden.

22,6f. **Kastor und Pollux:** unzertrennliches Zwillingspaar der griechischen Sage.

22,30 **Vetteln:** (alte) Weiber.

23,3 **Vasallen:** Gefolgsleute.

23,8 **Hofschranzen:** verächtliches Wort für Würdenträger bei Hofe.

23,18 **Erbfeindes:** hier: die Türken.

23,19 **von den Ständen Hülfe begehrt:** Gemeint sind die Reichsstände (alle dem Kaiser direkt unterstellten Kurfürsten, Fürsten, Grafen, Geistlichen und Reichsstädte). Diese hatten Sitz und Stimme auf den Reichstagen und bestimmten über die Gesetzgebung mit. Die Reichsritter zählten nicht zu den Reichsständen.

24,6 **gloriieren:** prahlen, sich rühmen.

24,17 **Reichstag:** Gemeint ist die Gesamtheit der Reichsstände sowie deren Zusammentreten in einer Reichs- oder Bischofsstadt.

24,28f. **Kundschaft:** Wissen.

25,10f. **Explikationen:** Erklärungen.

26,9 **Junker:** von ahd. *junc-herro* ›junger Herr, Sohn eines Adligen‹.

26,14 **Marschall:** eigtl. ›für die Pferde verantwortlicher Diener‹; später: Titel eines hohen Hofbeamten.

26,22f. **Corpus Juris:** Der oströmische Kaiser Justinianus (525–565) ließ das römische Recht im Codex Iustinianus sammeln, der Grundlage des Corpus iuris civilis.

26,32 **Glossen:** Kommentare (der Juristen).

26,36 Implicite … explicite: (lat.) indirekt … ausdrücklich.

27,11 Eminenz: Anrede eines hohen Geistlichen.

27,18 f. Schöppenstuhl: Gemeint ist das Frankfurter Gericht; von nddt. *Schöppe* ›Schöffe‹: der, der zwischen Parteien Recht schafft.

27,31 Casus: (lat.) juristische Fälle.

28,28 Nimbus: Heiligenschein.

28,30 Unschlitt: tierisches Fett für Kerzen.

29,1 Schröpfköpfe: Glasglocken auf der Haut zum örtlichen Ansaugen von Blut durch Unterdruck.

29,3 Bader: Barbier, Wundarzt.

29,35 molestriert: belästigt.

30,32 f. Post coenam …: (lat.) Nach dem Essen sollst du stehn oder tausend Schritte gehen.

30,35 Schlagfluss: Schlaganfall.

31,2 Exercitium: (lat.) Übung.

31,12 Gottespfennig: Spende bei Vertragsabschluss.

31,20 Simson … Locken: vgl. Richter 16,17 ff.

34,11 Titel: (Rechts-)Voraussetzung.

35,27 Äquivalent: Gegengewicht.

35,28 vertagt: auf einen Gerichtstag geladen.

36,34 erhoben: hervorgehoben.

37,28 Sankt Veit: Sankt Vitus, einer der 14 Nothelfer.

38,7 Cupido: Amor (griech. Eros), Sohn der Venus bzw. Aphrodite.

38,28 Auskunft: hier: Auskommen, Herauskommen.

39,14 minorenn: minderjährig.

39,21 in usum Delphini: (lat.) zum Gebrauch des Dauphins (französischer Thronfolger). Urspr.: von anstößigen Stellen ›gereinigte‹ Klassikerausgaben.

40,18 Sympathie: hier: Heilung aufgrund von Beziehungen

und Verwandtschaften zwischen verschiedenen Naturphänomenen.

40,24 **Weisling:** Weißfisch. Wortspiel mit Weislingens Namen.

41,12 **Reichsstädte:** selbstverwaltete, privilegierte Städte, die keinem Fürsten unterstellt waren und ihren eigenen Sitz und Stimme auf dem Reichstag hatten.

41,18 **Witz:** von ahd. *witze*, Wissen, Verstand, Klugheit.

46,22 **Chamäleon:** Tier, das seine Farbe zur Tarnung der Umgebung anpasst (Symbol für Heuchelei und Täuschung).

47,19 **Strafe der Acht:** Ausstoß aus der Rechtsgemeinschaft und deren Schutz; der Geächtete durfte straflos getötet werden. Die »Reichsacht« war die schärfste Form der Acht, weil sie im ganzen Reich galt und nur vom Kaiser ausgesprochen werden konnte.

49,1 **dafür sein:** davor sein, verhindern.

51,15 **Hundsfutt (Hundsfott):** volkstüml. Bezeichnung des Hinterteils eines Hundes; entspricht etwa dem heutigen Schimpfwort »Arschloch«.

52,8 **Antistrophe:** Gegenstrophe.

52,13 **Phönix:** sagenhafter, seltener Vogel.

54,31 **Backfisch:** altertüml. Bezeichnung für junges Mädchen.

55,4 **Sapupi:** Gemeint ist der italienische Rechtsassessor Papius, der 1774 wegen Unkorrektheiten vom Reichskammergericht Wetzlar entfernt wurde, kurz nachdem Goethe dort ein Praktikum abgeleistet hatte.

55,14 **Geldspiel:** eine Menge Geld.

55,15 **Prokurator:** Anwalt, Staatsanwalt.

56,9 **Speyer:** Die freie Reichsstadt war Sitz des Reichskammergerichts bis 1692.

56,28 **Nacht-Ims:** Nachtimbiss.

57,21 **Allerdurchlauchtigster:** höchste Steigerungsform von mhd. *erliuhten* ›erleuchten‹, Erleuchteter. Anrede des Kaisers als höchsten aller Fürsten, der als bester aller Menschen und damit als von Gott erleuchtet galt.

57,26 **im bambergischen Geleite:** im Gebiet und unter dem Schutz des Bischofs von Bamberg, der auf seinem Territorium für die sichere Durchreise zuständig war.

58,15 **Hydra:** vielköpfiges Ungeheuer der griechischen Sage, dem für jeden abgeschlagenen Kopf ein neuer nachwuchs.

59,18 **Urfehde schwören:** einen Eid ablegen, keine Fehden mehr zu führen.

59,19 **Bann:** Bereich der eigenen Gerichtsbarkeit.

60,18 **Reichsexekution:** kaiserliche Truppen, die die Acht durchzuführen hatten.

61,4 **Brief:** Gemeint ist hier die Urkunde mit dem kaiserlichen Achtbefehl über Götz.

62,3 **Vorwort:** Fürsprache.

68,14 **Feldscher:** Wundarzt.

70,4 **impertinent:** unverschämt.

75,11 **Reichsfähnlein:** Reichstrupp.

76,32 **Piken:** Spieße, Lanzen.

79,11f. **ritterlich Gefängnis:** eine Gefangenschaft, die einem Ritter angemessen ist.

79,17 **mit Manier:** manierlich, anständig.

81,23 **gleich Cherubs mit flammenden Schwertern:** Anspielung auf die Paradiesengel, die das Himmelreich vor bösen Eindringlingen bewachten, vgl. 1. Mose, 3,24.

82,3 **Gewehr:** hier: Gesamtheit aller Waffen.

82,16 **traun:** in Wahrheit.

84,4f. **Kapuziner:** Mönch des Bettelordens der Kapuziner.

85,22 **Weinschröter:** Männer, die Weinfässer transportieren.

87,31 **im Entstehungsfall:** im Fall der Weigerung.

92,30 **Regimentsräten:** Räten des Reichsregiments (ständige Vertretung der Reichsstände beim Kaiser).

98,19f. **Kehraus:** letzter Tanz.

6. Interpretation

Götz von Berlichingen als historisches Drama

Die Geschichte des »Ritters mit der eisernen Hand« hat

Der historische Götz

Goethe sich nicht selbst ausgedacht. Er greift vielmehr auf historische Quellen zurück; in erster Linie sind das die Memoiren des Ritters Gottfried (Götz) von Berlichingen. Dieser lebte zwischen 1480 und 1563 im fränkischen Jagsthausen und diente Kaiser Maximilian I., in dessen Auftrag er an Kriegen und Feldzügen teilnahm.

Wie im Drama, so ist auch der historische Maximilian I. ein schwacher Kaiser, der seine Regierungsgeschäfte aufgrund von Kriegen und Fürstenintrigen kaum überblickt

Niedergang des Kaiserreiches

(vgl. 23 ff.). So werden zahlreiche Fürsten, die Provinzen und Reichsstädte verwalten, zunehmend mächtiger; innerhalb des Kaiserreiches bilden sich immer mehr autonome Fürstentümer. Der Ritterstand hat ohnehin keinen politischen Einfluss; seine Aufgabe ist es, für die Sicherheit von Kaiser und Reich zu sorgen. Angesichts der gesellschaftlichen Veränderungen laufen aber immer mehr Ritter Schutz suchend zu den Territorialfürsten über. Weislingen ist dafür ein gutes Beispiel, auch wenn diese Figur kein konkretes Vorbild hat.

Angesichts der erstarkenden Reiterheere, die immer mehr Territorialfürsten unterhalten, sind die Tage des Ritterstandes gezählt, der zunehmend verarmt. Raubzüge haben Konjunktur; auch der historische Gottfried von Berlichingen überfällt Kaufmannszüge. Daran übt Götz' Schwester Maria im Drama Kritik: »Die rechtschaffensten Ritter begehen

mehr Ungerechtigkeit als Gerechtigkeit auf ihren Zügen«
(16). Im Kaiserreich machen sich zunehmend Angst und
Gewalt breit. Zahlreiche Kleinstaaten bekriegen sich gegen-
seitig; nicht von ungefähr misstraut der Bischof von Bamberg im Drama seinen weltlichen Nachbarfürsten (vgl. 45).
In Goethes Stück wie in der Geschichte steht der Feind für
die neuen Machthaber schnell fest: die Ritter »sind's deren
Geist die aufrührische Menge belebt« (58) und die »ganze
Landschaften« heimsuchen. Deshalb setzen sich die Fürsten
gegen die Reichsritter mit allen Mitteln zur
Wehr. Es stehen sich, wie Goethe hervorhebt,
zwei gegensätzliche Pole gegenüber: das historische Genie und die absolutistische Neu-
zeit.[5] Während zuvor das Wort des Kaisers als Gesetz galt,
begreifen sich nun die absolutistischen Herrscher als gott-
ähnliche Instanz, die jeder Kritik entzogen ist. Sie pflegen
ein repräsentatives Hofleben; so frönt der Bischof dem
Schachspiel, also einem Vergnügen, das einst Königen vorbehalten war. Ihren Untertanen nötigen die Fürsten gegen
Schutzversprechen hohe Steuern ab, um ihren Lebenswandel zu finanzieren.

> *Absolutismus als neue Ordnung*

Den Wandel des Kaiserreiches zu einem Flickenteppich
aus absolutistischen Fürstentümern stellt Goethe als
»Wendepunkt der Staatengeschichte« am Schicksal Götz
von Berlichingens dar. Unüberwindbar scheinen die
Gegensätze zwischen Mittelalter und Neuzeit; deshalb
scheitert Götz, als er die Geschichte zurückzudrehen versucht.[6]

Seine Utopie[7] von Freiheit, (Kaiser-)Treue und Glauben
(Gottvertrauen, christliche Fürsorge) erscheint im Drama
als Negation der modernen höfischen Gesellschaftsordnung. Wehmütig verklärt Götz das Rittertum zum Kreis

weniger unabhängiger, kraftvoller Auserwählter. Den idealen Ritter kennzeichnet nach seiner Auffassung das Bestreben, sich im Kriegsdienst den »Namen eines tapfern und treuen Ritters« zu erwerben und seinen »Nächsten zu dienen«, nicht aber »hohe Reichtümer und Rang zu gewinnen« (96). Die politische Unabhängigkeit des Ritterstandes empfindet Götz als Freiheit. Diese Freiheit sieht er durch das absolutistische Zeitalter bedroht – nicht zufällig ist »Freiheit« sein letztes Wort (119).

Unfreiheit beherrscht hingegen die höfische Gesellschaftsordnung der frühen Neuzeit: Abhängigkeiten, Machtgier, Eitelkeit und Dekadenz kennzeichnen ihre Vertreter (Weislingen, Adelheid, Bischof).

In dieser Welt hat Götz keinen Platz: er hat sich »selbst überlebt«, ist ein Anachronismus,[8] ein Überbleibsel einer versunkenen Epoche; sein Untergang ist vorgezeichnet. Ehe er ins Bodenlose fällt, klafft durch seine eigene Familie ein unüberbrückbarer Riss: sein geistiger »Zwillingsbruder« Weislingen entfremdet sich ihm, Schwester Maria kritisiert seine Beutezüge, und der kleine Carl erkennt den eigenen Vater nicht. Verheerung und Tod (Bauernaufstände, Massenhinrichtungen) zeigen Götz bald das Ende seiner »Bahn« an (97).

Mit dieser tragischen Nachempfindung der Lebensgeschichte Götz von Berlichingens widmet Goethe ihm als einem der letzten Ritter ein literarisches Denkmal. Er schließt das Stück deshalb mit einem Nachruf, den er Götz' treuestem Gefolgsmann in den Mund legt: »Wehe der Nachkommenschaft, die dich verkennt!«, ruft Lerse, als Götz stirbt.

Gesellschaftskritik am 18. Jahrhundert

Am Schicksal Götz von Berlichingens hat der junge Goethe auch ein ganz persönliches Interesse: ihn faszinieren Tatkraft und Autonomieanspruch des alten Reichsritters.

Götz erscheint Goethe als eine Art »Alter ego« (anderes Ich), das Züge seiner eigenen Freiheitssehnsucht trägt. Als Goethe das Stück schreibt (1771–73), bereitet er sich gerade auf die Laufbahn zum (Hof-)Beamten vor, wie es im 18. Jahrhundert unter jungen Adligen und dem Großbürgertum üblich ist. Unverhohlen ist Goethes Hofkritik in seiner Darstellung Weislingens, Adelheids und des Bischofs. Auf der anderen Seite hebt er den »Kreis von Guten« um Götz von Berlichingen hervor (32).

> Götz: »Alter ego« Goethes?

Mit seinem Rückgriff auf das 16. Jahrhundert will Goethe seinem eigenen Zeitalter einen Spiegel vorhalten.[9] So kritisiert er ein Gesellschaftsgefüge, welches dem menschlichen Freiheitsanspruch widerspricht, indem es den Einzelnen auf eine festgelegte Funktion reduziert. In der Figur des Bischofs legt Goethe die skrupellose Machtgier zeitgenössischer absolutistischer Herrscher offen. Goethe moniert auch die Rolle der Hofbeamten: Weislingen mutiert zum »Chamäleon«, das sich jeder neuen Situation sklavisch anpasst. So macht er sich wie der Rechtsgelehrte Olearius zum willfährigen »Werkzeug« des Bischofs, um sich selbst eine bescheidene Machtstellung zu sichern. Olearius beteiligt sich an der Abschaffung des Faustrechts, das im Mittelalter der Verfolgung von Unrecht diente. Deshalb steht das Faustrecht im Stück metaphorisch für die Gerechtigkeit, die

Götz' Gegenspieler abgeschafft haben. Letzte Instanz über Recht und Gesetz ist in Bamberg nämlich der Bischof: er ist es, der Weislingen zum Herrn über Leben und Tod macht – woraufhin Weislingen Götz' Todesurteil unterschreibt (es am Ende allerdings widerruft).

Als Herrscher nimmt der Bischof also eine Sonderstellung mit eigenen Rechten ein. In seinem Territorium (Bamberg) ist er an die Stelle des Kaisers gerückt, der zuvor, im Mittelalter, als höchste Instanz und damit als Gottes Stellvertreter auf Erden galt.

Der Bischof verfolgt eine Staatsform, in der sich der Herrscher selbst als gottgewollt legitimiert (Gottesgnadentum). Er lehnt Gewaltenteilung ab, wie sie im Kaiserreich unter anderem durch den Reichstag aller Provinzfürsten gegeben war. Damit ist der Bischof ein Vertreter des neuzeitlichen Absolutismus.

In seinem Stück kennzeichnet Goethe den Absolutismus als skrupelloses System: »Was den Fürsten in ihren Kram dient, da sind sie hinterher, [...] bis sie die Kleinen unterm Fuß haben« (24). Die Obrigkeit hält sich durch Lug und Trug an der Macht: der Bischof spinnt »Ränke« gegen den Kaiser, Weislingen verleumdet seinen Jugendfreund Götz, der schließlich aus dem Hinterhalt überwältigt und ins Turmverlies geworfen wird, und Adelheid lässt Weislingen vergiften.

Als leuchtendes Gegenbeispiel zu den neuzeitlichen Verwerfungen, die Goethe kritisiert, stellt er Götz als kraftvolles Individuum dar, welches um seine persönliche Freiheit und das Recht auf Selbstbestimmung kämpft.[10] Dass Götz am Ende dabei scheitert, hebt Goethes Kritik nicht auf. Schließlich scheitert auch Weislingen, der sich

Das autonome Individuum als Vorbild der Neuzeit

wie kein anderer mit dem höfischen Gesellschaftssystem arrangiert hat: Er geht elend zu Grunde an einer Krankheit, die ihm »das Mark ausgefressen hat« – sein körperlicher Verfall ist äußerer Ausdruck seiner charakterlichen Entwicklung.

Tragisch hingegen erscheint der Untergang der Hauptfigur: Deren letztes Wort – »Freiheit« – liest sich wie ein Nachruf Goethes angesichts einer als unfrei empfundenen Gegenwart.

Der Konflikt zwischen Individuum und Gesellschaft

Dass Götz scheitern muss, präsentiert Goethe im Drama schon früh als unausweichliche Tatsache. Erster Vorbote ist bereits Götz' Traum im 1. Akt, in dem Weislingen ihm die Eisenhand ausrenkt (vgl. 33). Kurz zur Erklärung: Die rechte Hand (vgl. 15) gilt seit alters her als das

> Götz' aussichtsloser Kampf

Instrument, mit dem der Mensch seinen Willen und seine Vernunft in die Praxis umsetzt. Ohne seine rechte Hand, so die Bedeutung des Traumes, kann der tatendurstige Götz nicht überleben. Tatsächlich wird seine Handlungsfreiheit im Verlauf des Dramas zunehmend eingeschränkt (Verbannung auf seine Burg, Gefangenschaft im Turm). Am Ende stirbt Götz, seiner Freiheit und damit seiner »Wurzeln« beraubt.

Doch es sind nicht in erster Linie seine Gegenspieler, die Götz' Scheitern verursachen.

Als konservativer Reichsritter weigert sich Götz, der bis an sein Ende dem Kaiser treu ergeben bleibt, die Machthaber der Neuzeit (den Bischof, die Heilbronner Ratsherren) anzuerkennen. Stattdessen hält er, der Macht des Faktischen zum Trotz, an seinen eigenen Weltvorstellungen fest: er kämpft für den Kaiser (den er durch die erstarkenden Fürsten verdrängt sieht), er kämpft für Gerechtigkeit (indem er sich für das Faustrecht und für die Interessen der Bauern einsetzt), und er bleibt im Gegensatz zu Weislingen von den neuen Machthabern unabhängig. Insofern ist Götz frei, und diese Freiheit verteidigt Götz unter Einsatz seines Lebens.

Persönliche Freiheit gegen die Macht des »Ganzen«

Mit seinem unbändigen Freiheitssinn verkörpert Götz die Negation der modernen französischen Hofkultur, in der nicht der Einzelne, sondern allein der Fürst das Sagen hat. Götz' persönliches Wollen – sein Freiheitsideal umzusetzen – kollidiert deshalb mit einem Gesellschaftssystem, das den Individualismus nicht zulässt. Um diese gesellschaftliche Wirklichkeit zu verändern, reichen die Kraft und der Mut des Einzelkämpfers nicht aus.

Aus Götz' Festhalten am überlebten mittelalterlichen Lehenssystem erwächst der Grundkonflikt zwischen dem Einzelnen und der Gesellschaft: Götz' Freiheitssinn widerspricht den Vorstellungen seiner Zeit. Als Einzelkämpfer steht er außerhalb der Werte- und Rechtsordnung der absolutistischen Gesellschaft. Deshalb stößt er an seine Grenzen, ordnet sich aber nicht unter. So kommt es zur Katastrophe (Gefangennahme, Tod); die geschichtliche Wirklichkeit (Goethe nennt sie den »nothwendigen Gang des Ganzen«) geht über Götz hinweg. Götz' Tod ist allerdings nur sein Ende als historisches Individuum. Der Wert der individuellen Autonomie bleibt

Götz kämpft für seine Ideale

bestehen.[11] In der Schlussszene bringt Götz seine Forderung gegenüber der neuen Zeit noch ein letztes Mal auf den Punkt: »Freiheit! Freiheit!« (119).

Diese Botschaft ist an die lesende Nachwelt gerichtet: Als »der Letzte« seiner Zeit (118), der für seine Ideale stirbt, bleibt Götz erinnernswert.[12]

Indem Goethe die Freiheit des Einzelnen zum Thema macht, wird er zum literarischen ›Trendsetter‹ seiner Zeit. Neben Schiller (*Kabale und Liebe*) greifen zahlreiche zeitgenössische Dichter den Konflikt zwischen dem Einzelnen und der Gesellschaft auf, um die absolutistische Gesellschaft zu kritisieren.

Götz als Kraftgenie

Götz von Berlichingen ist das erste vollständige Drama, das Goethe geschrieben hat. Es verrät viel über die damalige Sehnsucht des jungen Dichters, die Welt zu verändern. So sehen viele Kritiker Götz als Alter ego Goethes, das sich in die Bresche wirft, um sich und anderen zu ihrem Recht zu verhelfen und seine Ideale von Freiheit und Gerechtigkeit umzusetzen. Klosterbruder Martin beneidet ihn darum: »Wollte Gott, meine Schultern fühlten sich Kraft […] und mein Arm die Stärke« (11).

Was Götz vor allem auszeichnet, sind Verantwortungsempfinden für Schwächere und der Wille, jede Form der Unterdrückung und der Ungerechtigkeit zu beseitigen. Als »Mann den die Fürsten hassen, und zu dem die Bedrängten sich wenden« (13), verkörpert Götz den leibhaftigen Gegensatz zur absolutistischen Gesellschaftsordnung des 18. Jahrhunderts.

Er vereint also alle stereotypen Eigenschaften des einsamen Genies, das von der Gesellschaft verkannt wird: Idealtreue, Tatkraft, Stärke, gesellschaftliche Ächtung (Reichsacht, Reputation als Raubritter) und Ausschluss aus der Gesellschaft (Gefangennahme). Das einsame Genie ist ein Topos (Allgemeinplatz), der in Deutschland zur Sturm-und-Drang-Zeit (ca. 1760–80) Konjunktur hat, die Besonderheiten und das Glücksverlangen des Individuums in den Mittelpunkt stellt. Es sind vor allem junge, bürgerliche Dichter (Goethe, Lenz, Schiller), die sich als literarische Rebellen gegenüber der höfischen Gesellschaftsordnung hervortun. Fast 200 Jahre lang wurde Europa von Absolutisten wie dem französischen »Sonnenkönig« Ludwig XIV. regiert, die sich selbst als Gottheit betrachteten (Devise: »Der Staat bin ich«). 1771 präsentiert Goethe in seinem Theaterstück ein Kraftgenie, das gegen die herrschenden Regeln opponiert. Als Genie ist Götz erinnernswert, und Goethe stellt ihn als Vorbild dar: »Die künftigen Zeiten brauchen auch [solche] Männer« (9).

Es ist anzunehmen, dass diese Botschaft vor allem an das Bürgertum gerichtet ist (dem Goethe selbst entstammt). Um die Eindringlichkeit seiner Gesellschaftskritik zu erhöhen, stilisiert Goethe den Ritter mit der eisernen Hand zum Tragödienhelden:[13] der Untergang des großen Menschen erzeugt, ähnlich wie im antiken Drama, im Publikum Furcht und Schrecken (griech. *Katharsis*). In aller Eindringlichkeit kritisiert Goethe mit seinem Stück die gesellschaftlichen Vorstellungen seiner Zeit, die den kraftvollen, schöpferischen Individualismus nicht zulassen.

Sehnsucht nach bürgerlichem Zusammenhalt: Kritik an Kleinstaaterei

Unter den Werten, die Götz wider die gesellschaftlichen Umbrüche durchzusetzen versucht, ist auch seine Utopie idealen Zusammenlebens. So propagiert er eine Gemeinschaft aus »guten Menschen«, die einander »weder fürchten noch beneiden« (80), sondern ein Zusammenleben in »Fried und Freundschaft« pflegen (81). »Seele« und Oberhaupt dieser Gemeinschaft ist der Kaiser (80), der kraft seines Amtes und wegen seiner besonderen menschlichen Vorbildlichkeit (vgl. 58 f.) auf Erden als Gottes Statthalter fungiert. Die Beziehung des idealen Kaisers zu seinen Untertanen fußt auf gegenseitiger Treue und christlicher Fürsorgepflicht (Verantwortungsprinzip; Götz nennt es »Treu und Glaube«, 51).

> *Götz' Utopie: versunkene Freiheit*

Der brüderliche Zusammenhalt der Bürger untereinander schafft die notwendige Stärke, mit der sie den Staat »gleich Cherubs [Paradieswächtern] mit flammenden Schwertern« (81) verteidigen können. Diese Metapher ist eine Anspielung auf den biblischen Erzengel Michael, den Wächter des himmlischen Paradieses. Die paradiesische Christengemeinschaft ist ein Topos, der ursprünglich von den Kirchenvätern des christlichen Mittelalters (Thomas von Aquin) und aus der Renaissance (Erasmus von Rotterdam) stammt. Seinerzeit blieb das Idealbild vom Erdenparadies eine Utopie. Für Götz ist sie dagegen vergangene Wirklichkeit; die Dynastie idealer Herrscher ist »ausgestorben« (80).

Trotz aller Sympathie entlarvt Goethe zwar die Utopie seiner Hauptfigur als Verklärung einer versunkenen Epoche, die nicht der historischen Wirklichkeit entspricht.

Kritik am
»unfreien«
18. Jahrhundert

Doch der Topos vom Erdenparadies hat im Stück eine wichtige Funktion: er dient als lichtvolles Kontrastbild zu den gesellschaftlichen (Miss-)Verhältnissen des 18. Jahrhunderts. Goethe misst also seine zeitgenössische Gegenwart an ihren historischen Wurzeln. So kennt der ideale christliche Herrscher des Mittelalters nur ein Ziel: das Wohl des Staates zu wahren und zu mehren. Im 18. Jahrhundert dagegen sind die Fürsten vor allem um das eigene Wohl bemüht: für den Bischof von Bamberg ist das christliche Fürsorgeprinzip gegenüber den Untertanen kein Thema; Weislingen (in der Rolle des machtgierigen Hofministers) ordnet gar Massenhinrichtungen an.

Von den hehren Gesellschaftsentwürfen der Vergangenheit ist also nur wenig übrig geblieben; die Wirklichkeit ist von den großen Zielen historischer Genies weit entfernt. Das hat zur Folge, dass das einst mächtige Kaiserreich zu einem losen Gebilde aus Kleinstaaten verkommen ist, das Götz einen »krüpplichen Körper« nennt, an dem »Ratten nagen« (80).

Deutlich ist aus diesen Gedankenbildern die Sehnsucht des jungen Goethe nach Beseitigung der Kleinstaaterei und der Gängelung des Individuums durch Fürstenwillkür zu vernehmen. Götz' Forderungen nach Freiheit und Unabhängigkeit – die als rückwärtsgewandte Utopie verklausulierten Ideale der Aufklärung! – sind nichts anderes als die Chiffre für Goethes Sehnsucht nach dem mündigen Bürger.[14]

7. Autor und Zeit[15]

Johann Wolfgang von Goethe wird am 28. August 1749 als Sohn einer Patrizierfamilie in Frankfurt am Main geboren. Sein Vater lässt Johann Wolfgang und dessen Schwester Cornelia von Hauslehrern erziehen.

Zwei Kindheitserlebnisse sind für Goethe prägend.

Seine Familie erlebt er als politisch gespalten: Der Großvater steht während des Siebenjährigen Krieges (1756–63) auf Seiten des deutschen Kaisers, Vater Goethe dagegen unterstützt einen »Territorialfürsten« (Friedrich den Großen). In diese zwei Lager teilt sich später auch die Figurenkonstellation in *Götz von Berlichingen*.

Schlüsselerlebnisse: Politik und Puppentheater

Ein Puppenspiel, das ihm seine Großmutter schenkt, entfacht bei Goethe eine frühe Begeisterung für das Theater. Als Kind besucht er oft das Theater der französischen Besatzer in Frankfurt.

Mit 16 Jahren beginnt Goethe auf väterlichen Wunsch ein Jurastudium in Leipzig; er interessiert sich aber in erster Linie für Kunst und Literatur. So schreibt er als Student, der damaligen Mode entsprechend, Rokokolyrik (lebensfrohe, geistreich-witzige Liebesgedichte und »Schäferlyrik«).

Mit 19 Jahren erkrankt Goethe schwer. Er lässt sich von seiner Mutter und deren Freundin wieder gesundpflegen; in dieser Zeit wendet er sich dem Pietismus zu, dem die beiden Frauen angehören. Der Pietismus war eine religiöse Erneuerungsbewegung, die außerhalb der Kirche ein inniges seelisches Verhältnis der

Literaturstudien und religiöse Erweckungserlebnisse

Gläubigen zu Gott anstrebte. Deren charakteristische Angewohnheit der Selbsterforschung und Neigung zur Mystik (die auf das religiöse Erweckungserlebnis gerichtet ist) macht der junge Goethe sich bald zu Eigen. Außerdem interessiert er sich für Magie und Alchemie (die von der katholischen Kirche als ketzerisch verdammte »Geheimwissenschaft« von der Wirkung der Naturkräfte).

Als Goethe 1770 wieder gesundet, setzt er sein Studium in Straßburg fort; dort kommt es zu zwei schicksalhaften Begegnungen. So verliebt er sich in die Seesenheimer Pfarrerstochter Friederike Brion (die in zahlreiche Frauenfiguren seiner Werke eingegangen ist, unter anderem in Maria von Berlichingen, die von Weislingen verlassen wird).

Goethe begegnet außerdem dem Gelehrten Johann Gottfried Herder (1744–1803), der sein geistiger Mentor und erster Kritiker wird (und 1771 als Erster den *Urgötz* zu lesen bekommt). Herder begeistert den jungen Goethe für die Ursprünglichkeit der Dichtung des Altertums (Homer, Pindar), für Volkspoesie (Volkslieder, Sinn- und Zaubersprüche etc.) sowie für Shakespeares Geschichtsdramen.

Begeisterung für Antike und Mittelalter

Goethes Auseinandersetzung mit Pietismus, Altertum, Volksdichtung und Shakespeare verschmelzen in dieser Zeit zu einer charakteristischen Verbindung von Seele und Natur: Goethes Erlebnislyrik, die sich als Medium seelischer Selbstmitteilung des lyrischen Ichs versteht. Dabei korrespondiert das lyrische Ich mit einem sympathetischen (= seelenverwandten) Gegenüber, das zum Spiegel eigener Empfindungen wird (z. B. die Natur, ein geliebter Mensch).

Als Goethe 1771 seinen Titel in Rechtswissenschaften erhält, verlässt er Friederike Brion und teilt ihr das Ende der

Johann Wolfgang Goethe
Bleistiftzeichnung
von Georg Friedrich Schmoll, 1775

Liebesbeziehung per Brief mit. Ein Leben lang plagen ihn deswegen Gewissensbisse.

In seiner Heimatstadt Frankfurt nimmt Goethe kurz darauf seine Arbeit als Rechtsanwalt auf. Er beginnt am *Urfaust* und der ersten Fassung des *Götz von Berlichingen* (»*Urgötz*«) zu schreiben.

1772 dient er als Praktikant am Reichskammergericht in Wetzlar; in diese Zeit fällt Goethes Bekanntschaft mit Charlotte Buff. Er respektiert Charlottes 15 Jahre

Die historische Lotte und der echte Werther

älteren Verlobten Kestner, einen Beamten; der Dichter kultiviert dabei die poetische Rolle des unglücklichen Liebhabers. Als die platonische Liebesbeziehung aus dem Ruder zu laufen droht, reist Goethe überstürzt ab. Charlotte und auch die 16-jährige Maximiliane von La Roche, die er kurz darauf in Koblenz kennen lernt und umschwärmt, werden von Goethe zu seiner wohl berühmtesten Frauenfigur verschmolzen: zu Lotte, der Angebeteten des unglücklich verliebten jungen Werther. Der Briefroman über die *Leiden des jungen Werther* (1774), den schwärmerisch empfindsamen Poeten, macht den 24-jährigen Goethe weltberühmt.

Ein Jahr später beginnt die politische Karriere des Dichters im Staatsdienst: Erbprinz Herzog Carl August von

Karriere bei Hofe

Sachsen-Weimar beruft ihn in sein Regierungsgremium. 1779 wird Goethe Geheimrat, 1782 erhält er den Adelstitel. Neben zahlreichen Regierungsgeschäften zählt die Unterhaltung bei Hofe zu Goethes Ressorts; so baut er in Weimar das Theaterwesen aus. Allerdings fühlt sich der Dichter im Weimarer Staatsdienst auf die Dauer nicht wohl. 1786 reist er für zwei Jahre nach Italien, um der Enge des Kleinstaates zu entfliehen. Er beginnt sich für naturwissenschaftliche Fragestellungen zu interessieren, begreift die Erscheinungen der Natur als offenes Lesebuch und sucht nach allgemein gültigen Naturgesetzen. Zurück in Weimar wendet sich Goethe den kulturellen und wissenschaftlichen Belangen des Landes zu. Er lernt die 23-jährige Christiane Vulpius kennen, die seine Geliebte wird. Zur gleichen Zeit begegnet er – zunächst über Veröffentlichungen – Friedrich Schiller (1759–1805). Goethe setzt sich bald darauf für eine Geschichtsprofessur Schillers an der Jenaer Universität ein. Schiller drängt Goethe, an seiner begonnenen *Faust*-Tragödie weiterzuarbeiten.

Goethe trifft Schiller

1789 beginnt in Frankreich die Revolution gegen das absolutistische Ancien Régime (1789–94); Herder und Schiller, der sogar französischer Staatsbürger werden will, begrüßen den Umsturz im Nachbarland anfangs begeistert. Goethe hingegen erfüllt die Schreckensherrschaft Robespierres (1792–94) bald mit Sorge. Gewaltsame Epochenumbrüche erscheinen Goethe unnatürlich, er bevorzugt allmähliche Veränderungen, wie er sie aus der Evolutionslehre kennt. So kehrt der Dichter den politischen Ereignissen bald den Rücken; die Naturwissenschaften werden zu seinem geistigen Refugium. Zusammen mit Schiller begründet Goethe die »Weimarer Klassik« (1795–1805), die (unabhängig von den politischen Wirren der Zeit) ein harmonisches Ideal menschlichen Zusammenlebens propagiert (vgl. bereits *Iphigenie auf Tauris*, 1787). Als Schiller 1805 stirbt, ist diese knapp zehnjährige Epoche zu Ende.

1806 heiratet Goethe Christiane Vulpius. Das Ehepaar lebt zurückgezogen; Goethe stellt den ersten Teil der *Faust*-Tragödie fertig und schreibt sein autobiographisches Werk *Dichtung und Wahrheit*.

Während eines Kuraufenthaltes verliebt sich der Dichter in die 30-jährige Marianne von Willemer. Aus dieser Beziehung erwächst der Gedichtzyklus *Der west-östliche Divan* (1814–19). 1816 stirbt seine Ehefrau Christiane.

Ein Jahr später, 1817, tritt Goethe von der Leitung des Weimarer Theaters zurück, weil gegen ihn intrigiert wird. Er widmet sich ganz seinen Literaturstudien, insbesondere der orientalischen Literatur, sowie seiner Korrespondenz. Bei einem Kuraufenthalt im böhmischen Marienbad verliebt sich der alte Dichter 1823 in die 19-jährige Ulrike von Levetzow. Die ersehnte Liebe bleibt unerfüllt; seinem Schmerz darüber verleiht Goethe in seiner *Marienbader Elegie* Ausdruck, die er Ulrike widmet. Anschließend vollendet der inzwischen 74-Jährige seinen Roman *Wilhelm Meister* (1829) und 1831 den zweiten Teil der *Faust*-Tragödie. Goethe stirbt am 22. März 1832.

Der alte Goethe

Die Hauptwerke und ihre literaturhistorische Einordnung[16]

Sturm und Drang

Benannt wurde diese Literaturepoche, die ein deutsches Phänomen blieb, nach einem Stück des Dichters Friedrich Maximilian Klinger (1752–1831). Ihren Kern bildete eine junge Dichtergeneration, die vor allem das absolutistische Hofwesen als despotischen Unterdrückungsapparat geißelte. Auf ihre Fahnen geschrieben hatte sie sich vor allem die Forderungen der Aufklärung nach Freiheit und Gleichheit der Menschen. Als unzeitgemäß und ungerecht wurden die angestammten Standesprivilegien des Adels kritisiert. Heftig gescholten wurde aber auch das Bürgertum, dem, wie Goethe, die meisten der Dichter entstammten. Allen voran Klinger und Jakob Michael Reinhold Lenz (1751–92) monierten den kampflosen Rückzug des dritten Standes aus der Politik ins Private.

Die bekanntesten Vertreter des Sturm und Drang sind der junge Goethe, Schiller, Lenz und Klinger. Sie verstanden sich als Genies, die gegen bestehende gesellschaftliche Zwänge auch in der Kunst anschrieben. Ihre Gedichte und Dramen sollten der eigenen Individualität, persönlichen Visionen und Gefühlen Ausdruck verleihen.

Insgesamt war der Sturm und Drang eine rein literarische Bewegung, die politisch ohne Folgen blieb.

Die Werdegänge der Stürmer und Dränger verliefen sehr unterschiedlich. Beispielsweise gelangten Goethe und Lenz beide an den Weimarer Hof; dort gebärdete sich Lenz, ein Pfarrerssohn, als Revolutionär, wurde suspendiert und starb nach ziellosem Umherirren krank und mittellos. Goethe hingegen machte in Weimar Karriere. Interessanterweise scheitern allerdings die Hauptfiguren seiner Jugendwerke, Götz von Berlichingen, der junge Werther und Faust. Alle drei sind ein Alter ego (anderes Ich) des Dichters. Es spricht deshalb viel dafür, dass Goethes literarische Selbsterprobung in verschiedenen Rollen ihn darin bestärkt hat, sich im wahren Leben mit den gesellschaftlichen Verhältnissen zu arrangieren, um Erfolg zu haben.

1770 *Von deutscher Baukunst.* Diese Denkschrift besingt den Straßburger Münsterbaumeister Erwin von Steinbach als Kraftgenie des Mittelalters, dessen genialer Geist in seiner (Bau-)Kunst gegenwärtig bleibt.

Der Aufsatz gilt als Programmschrift des Sturm und Drang: In hymnischer Sprache preist Goethe das Straßburger Münster als lebendiges und damit »wahres« Kunstwerk, das über die »schönen Künste« des Barock und des Rokoko erhaben sei. Den künstlerischen Genius vergleicht Goethe mit der produktiven Natur, die mit jedem neu geborenen Organismus lebendige Abbreviationen ihrer selbst hervorbringt.

1770/71 *Sesenheimer Lieder.* Nach seiner Beschäftigung mit Volkspoesie und Altertum dichtet Goethe in diesen Liedern »aus sich heraus«, besingt das Glücksgefühl des lyrischen Ichs in der liebenden Natur.

1771 *Zum Shäkespears-Tag.* Diese Laudatio zum Namenstag Shakespeares (1564–1616) feiert den englischen Dramendichter als Genie: anstatt dichterische Normen aus der Vergangenheit nachzuahmen, hat Shakespeare eine neue Theaterkunst geschaffen, die seiner eigenen Epoche entspricht. Wie schon in Goethes Aufsatz *Von deutscher Baukunst* erscheint der geniale Künstler in der Shakespeare-Rede als gottähnlicher Schöpfer, der aus seiner eigenen Lebenswelt heraus lebendige Kunstwerke hervorbringt.

1772–74 *Ganymed, Mahomets-Gesang, Prometheus, An Schwager Kronos.* Das lyrische Ich begreift sich in diesen Hymnen selbst als gottgleiches Genie; daher auch die sprechenden Namen schöpferischer Götter- und Sagengestalten.

1774 *Urfaust.* Aus diesem kurzen Drama entstand Goethes spätere, zweiteilige Faust-Tragödie: Der Alchimist und Magier Johann Faust strebt, nachdem er über dem Studium aller Wissenschaften alt geworden ist, zu den höchsten Zielen: der allumfassenden Erkenntnis darüber, »was die Welt im Innersten zusammenhält«; Faust will also Gott sein. Zu diesem Zweck paktiert er mit dem Teufel (Mephistopheles), was für Faust fatale Folgen hat. So macht der Teufel den Korrumpierten zu seinem Werkzeug: Faust zerstört das Leben des jungen Mädchens Gretchen, die er entehrt. Am Ende wird Gretchen als Kindesmörderin hingerichtet. Faust scheitert, weil er sich durch Selbstüberschätzung dazu verlocken lässt, die natürlichen Grenzen menschlichen Erkenntnisstrebens zu sprengen.

Empfindsamkeit

Eine Hauptforderung der Aufklärung (1720–80) lautete, dass die Menschen sich bei der Suche nach der Wahrheit allein auf ihre Vernunft verlassen sollten, weil die Welt auf der Vernunft zugänglichen Gesetzmäßigkeiten beruhte. Von Sinneseindrücken und Emotionen hingegen sollten die Menschen sich nicht täuschen oder von der Wahrheit ablenken lassen.
Die Folge dieser Denkweise war eine einseitig rationale Weltbetrachtung, aus der menschliche Empfindungen weitgehend ausgeschlossen waren. Gegenbewegung zu dieser allseits empfundenen »Gefühlsarmut« wurde die Empfindsamkeit, die sich zeitlich teilweise mit der Sturm-und-Drang-Periode deckte. Hauptmerkmale der Empfindsamkeit waren schwärmerischer Gefühlskult und der Dialog zwischen Seelenverwandten.

1774 *Die Leiden des jungen Werther.* Der *Werther* ist zwar als Zeugnis empfindsamer Gefühlskultur angelegt, weist aber auch deutliche Züge des Sturm und Drang auf. Thema des Buches ist die unglückliche Liebe zu einer unerreichbaren Angebeteten: Der junge Poet Werther verliebt sich beim Tanzen in die gleichaltrige Lotte, die mit dem 15 Jahre älteren Beamten Albert verlobt ist. Nachdem Lotte Werthers Leidenschaft nicht erwidert und sich schließlich von ihm abwendet, begeht Werther Selbstmord. Mit der Unbedingtheit seines Willens, Lotte zu besitzen, hat er sich außerhalb der geltenden gesellschaftlichen Normen gestellt.

1775/96 *Lili-Lieder, Gedichte an Lida.* Die Auseinandersetzung des lyrischen Ichs mit den eigenen Gefühlen und Empfindungen unterscheidet diese Gedichte von der frühen Lyrik, die vor allem die begeisterte Erfahrung des eigenen Ich thematisierten.

Weimarer Klassik

Der Name dieser literarischen Epoche (1795-1805) geht auf die begeisterte Beschäftigung ihrer Begründer, Goethe und Schiller, mit der griechisch-römischen Antike zurück. Die Kunstideale des »Klassischen Altertums«, wie die Antike genannt wurde, spiegeln sich deshalb auch in der Weimarer Klassik wieder: Klarheit, Eleganz und Harmonie. Statt freier Rhythmen dominieren geordnete, geschlossene Formen; an Stelle von Geniekult und empfindsamer Selbstzentriertheit bestimmt nun das Ideal harmonischen Zusammenlebens die neue Dichtung, die den gesellschaftlichen Wirren ihrer Zeit einen geordneten literarischen Kosmos entgegensetzt.

1787 *Iphigenie auf Tauris*. Dieses Schauspiel entstand zwischen 1779 und 1786. Mit seinen fünf Aufzügen sowie der Einheit von Ort, Zeit und Handlung folgt es äußerlich klassizistischen Kriterien; beim Inhalt greift Goethe auf einen mythologischen Stoff der Antike zurück.

Von den Göttern wurde die Königstochter Iphigenie, wie ihre übrige Familie, mit einem Fluch belegt. So ist Iphigenie dazu verdammt, als geliebte Gefangene des wilden Königs Thaos auf der Taureninsel zu leben. Befreit wird sie am Ende durch die Hilfe ihres Bruders Orest; Thaos sieht die Unrechtmäßigkeit seines Handelns ein und lässt Iphigenie wehen Herzens ziehen.

Goethes *Iphigenie* thematisiert das Ideal des humanen Menschen, der sich aus der Willkür befreit und zum geläuterten Geist heranreift.

1788 *Egmont. Ein Trauerspiel in fünf Aufzügen*. Die Niederlande stehen unter der Herrschaft der Spanier; deren Statthalter, der Herzog von Alba, terrorisiert die niederländische Bevölkerung. Der freiheitsliebende junge Graf Egmont begehrt dagegen auf. Daraufhin wird der mutige Niederländer auf Befehl des Herzogs von Alba enthauptet.

Egmont ist zwischen 1775–87 entstanden. Das Stück trägt noch Züge des Sturm und Drang; Goethes Augenmerk gilt allerdings nicht mehr in erster Linie dem individuellen Glücksverlangen, sondern der charakterlichen Entwicklung des Individuums. *Egmont* ist deshalb ein Charakterdrama: indem der Held die freie Äußerung seines Wesens über sein Leben stellt, verwirklicht er in erster Linie einen ihm angeborenen Charakterzug. Diese Psychologie findet ihren gültigen Ausdruck in Goethes späterem Gedicht *Urworte. Orphisch* (1817).

1788–90 *Römische Elegien.* Dieser erste Gedichtszyklus zeigt Goethes allmählichen Übergang von freien Rhythmen zu klaren, geschlossenen Formen.

Alterswerk

Im Alter vereinigt Goethe die Vielfalt seiner Lebenserfahrungen, politischen Kenntnisse, Literaturstudien und Korrespondenzen zur Synthese. Durch Polarisierung (Gegenüberstellung des Unvermittelbaren) will er zu einer tieferen Anschauung über das Wesen der Welt verhelfen. In seinem Alterswerk erscheinen jedoch auch gegensätzliche Einsichten und Gedanken als organische Teile der Lebensweisheit, die Goethe vermitteln will. Goethe fühlt sich als Lehrer unaussprechlicher Wissensbereiche, die er vor allem durch Symbole und Allegorien fassbar zu machen versucht. Sein Altersstil ist deshalb schwierig und – vor allem im zweiten Teil der Faust-Tragödie – nahezu chiffriert (verschlüsselt). Hintergrundwissen für das Verständnis seines Werkes – rückblickend auch der Jugendwerke – liefern deshalb Goethes weltanschauliche Texte sowie sein Bericht *Über mein Leben. Dichtung und Wahrheit.*

1817 *Urworte. Orphisch.* Dieser weltanschauliche Text behandelt die Lebensalter, die der Mensch von seiner Geburt bis zum Tod durchläuft. Jeder individuelle Charakter entsteht demnach aus den fünf Wesensgrößen Dämon (unaufhebbare geburtliche Prägung), Zufall, Liebe, Nötigung und Hoffnung (auf Fortbestand der eigenen Individualität).

1814–20 *West-östlicher Divan.* »Divan« bedeutet auf Persisch »Liedersammlung« und ist eine Anspielung auf den *Divan* des persischen Dichters Hafis (1317/25–1389/90). Goethe war bei seiner Auseinandersetzung mit dem islamischen Kulturkreis auf geistige und mystische Gemeinsamkeiten zwischen Orient und christlichem Abendland gestoßen, die ihn faszinierten.

1774–1831 *Faust. Tragödie in zwei Teilen.* Im ersten Teil der Tragödie strebt der Alchimist und Magier Faust nach allumfassender Erkenntnis. Um in seiner kleinbürgerlichen Welt die totale Entgrenzung zu erleben, paktiert er mit dem Teufel. Doch Mephistopheles benutzt das erfahrungshungrige Genie als Werkzeug, um seine böse Sendung durchzuführen. So zerstört Faust auf seiner Suche nach Entgrenzungserfahrung seines Lebens das des jungen Mädchens Gretchen.

Nach langem Heilschlaf in der Natur versucht sich der Gescheiterte im zweiten Teil der Tragödie mit Mephistos Hilfe als Politiker. Er lässt die griechische Unterwelt wieder aufleben, vermählt sich mit Zeus' Tochter Helena und zeugt mit ihr einen Sohn. Er wird kaiserlicher Feldherr, danach mächtiger (und tyrannischer) Kolonialherr. Mit dem Himmel streitet sich Mephisto nach Fausts Tod um dessen Seele und scheitert diesmal selbst: Faust, der zu Lebzeiten die Liebe und das Vorgefühl von Glück erfahren hat, kann durch die himmlische Gnade erlöst werden. Im Jenseits kommt es zum Wiedersehen mit Gretchen. Die innere Läuterung Fausts in seinem Erkenntnisdrang ist am Ende doch noch geglückt, denn: »Wer immer strebend sich bemüht, / Den können wir erlösen.«

8. Zur Rezeption

Wegen des Bruchs mit dem zur Norm erhobenen klassizistischen Regelkanon wurde Goethes *Goetz* nach seinem Erscheinen teilweise angegriffen; die überwiegende Mehrheit des Publikums feierte das Stück aber enthusiastisch. *Götz von Berlichingen* geriet gar zu einem literarischen Trendsetter seiner Zeit: in seinem Kielwasser entstanden zwischen 1775 und 1811 immerhin 38 Ritterstücke. Die beiden Hauptgründe für große Gunst im Publikum waren die damals neuartige offene Form des Dramas sowie der Identifikationsgehalt der Götz-Figur für eine ganze junge Generation. Gleich nach Erscheinen des Stücks schrieb der Göttinger Dichter und Literaturkritiker Gottfried August Bürger (1747–94) begeistert: »Edel und frei wie sein Held tritt der Verfasser den elenden Regelnkodex unter die Füße und stellt uns ein ganzes événement mit Leben und Odem [...] beseelt vor Augen. [...] Gott, wie lebendig, wie shakespearisch!« (zitiert bei Rothmann, S. 91 f.)

Die ursprüngliche Fassung von 1771, der so genannte *Urgötz*, blieb dem Publikum allerdings bis zu Goethes Tod vorbehalten: Goethes Mentor Herder hatte das Stück in Straßburg verrissen, weil Goethe seiner Meinung nach Shakespeares Theaterkonzeption zu undifferenziert auf deutsche Verhältnisse übertragen hatte. Veröffentlicht wurde deshalb zunächst nur die überarbeitete Fassung von 1773, in der Goethe außerdem seine Hofkritik entschärft sowie die zeitgenössische Sehnsucht nach einem einheitlichen, einigen Deutschland stärker berücksichtigt hatte.

9. Checkliste

1. Was ist das Neuartige an Goethes Drama *Götz von Berlichingen*?
   Worin liegen die Gemeinsamkeiten mit Goethes Vorbild Shakespeare?
2. Inwiefern kann man das Stück als Initiationsdrama des Sturm und Drang bezeichnen?
3. Vergleichen Sie Götz' Utopie und Weislingens Leben am Hof.
   Welches sind die wichtigsten Gegensätze zwischen Götz von Berlichingen und Adelbert von Weislingen?
4. Wer sind der oder die Gegenspieler Götz von Berlichingens?
5. Warum scheitert Götz von Berlichingen?
   Ist Götz' Scheitern am Ende des Stückes eine überraschende dramatische Wende, oder zeichnet sich der Untergang schon ab? Wenn ja, belegen Sie dies mit Zitaten aus dem Stück.
6. Welche Verbindungen gibt es zwischen dem Scheitern Götz', Werthers und Fausts (im *Urfaust*)?
7. Skizzieren Sie die Beweggründe Goethes, die Lebenserinnerungen des historischen Gottfried von Berlichingen aus Jagsthausen zu dramatisieren.
   Warum greift Goethe auf einen historischen Stoff zurück? Was bezweckt er damit?
   Inwiefern ist Götz von Berlichingen überhaupt ein historisches Drama?
8. Versuchen Sie, sich in den Autor und dessen historische Epoche (18. Jahrhundert) zu versetzen. Welche Kernbotschaften lesen Sie dabei aus seinem Stück heraus?

Können Sie auch für Ihre eigenen Lebensumstände Erkenntnisse daraus ziehen? Welche wären das?

9. Würde Götz von Berlichingen mit seiner Utopie auch in einer modernen Demokratie scheitern? Erörtern Sie diese Frage anhand eines tagesaktuellen Ereignisses / einer gegenwärtigen gesellschaftlichen Entwicklung / eines Beispiels aus der Presse.

10. Lektüretipps

Hinderer, Walter: *Götz von Berlichingen.* In: W. H. (Hrsg.): Interpretationen: Goethes Dramen. Stuttgart 1992 [u. ö.]. (Reclams UB. 8417.) S. 13–65.

Huyssen, Andreas: Drama des Sturm und Drang. Kommentar zu einer Epoche. München 1980.

Luserke, Matthias: Sturm und Drang. Stuttgart 1997. (Reclams UB. 17602.)

Nägele, Rainer: Johann Wolfgang Goethe: *Götz von Berlichingen.* In: Interpretationen: Dramen des Sturm und Drang. Stuttgart 1987 [u. ö.]. (Reclams UB. 8410.)

Neuhaus, Volker: *Götz von Berlichingen.* In: Bernd Witte (Hrsg.): Goethe-Handbuch. Bd. 2: Dramen. Hrsg. von Theo Buck. Stuttgart 1996. S. 78–99.

– Erläuterungen und Dokumente: Johann Wolfgang Goethe: *Götz von Berlichingen.* Bibliograph. erg. Ausg. Stuttgart 1999 [u. ö.]. Reclams UB. 8122.]

Rothmann, Kurt: Literaturwissen: Johann Wolfgang Goethe. Stuttgart 1994 [u. ö.]. (Reclams UB. 15201.)

Schröder, Jürgen: Geschichtsdramen. Tübingen 1994. S. 26–49.

Witte, Bernd (Hrsg.): Goethe-Handbuch. Bd. 1–5. Stuttgart 1996–99.

Anmerkungen

1 Volker Neuhaus, »Götz von Berlichingen«, in: Bernd Witte (Hrsg.), *Goethe-Handbuch*, Bd. 2: *Dramen,* hrsg. von Theo Buck, Stuttgart 1996, S. 7, 80.

2 Walter Hinderer, »Götz von Berlichingen«, in: W. H. (Hrsg.), *Interpretationen: Goethes Dramen*, Stuttgart 1992 [u. ö.] (Reclams UB, 8417), S. 39.

3 Vgl. zu Carl auch Hinderer (Anm. 2), S. 37 f.

4 Neuhaus (Anm. 1), S. 85.

5 Jürgen Schröder, *Geschichtsdramen*, Tübingen 1994, S. 29–33.

6 Vgl. Hinderer (Anm. 2), S. 47 f.

7 Zu Götz' Utopie vgl. Andreas Huyssen, *Drama des Sturm und Drang*, München, 1980, S. 57, 143; Schröder (Anm. 5), S. 34.

8 Neuhaus (Anm. 1), S. 89.

9 Neuhaus (Anm. 1), S. 93, 98; Schröder (Anm. 5), S. 30.

10 Hinderer (Anm. 2), S. 49; Schröder (Anm. 5), S. 30.

11 Zum autonomen Individuum und zum Konflikt zwischen Individuum und Gesellschaft vgl. insbesondere Matthias Luserke, *Sturm und Drang*, Stuttgart 1997 (Reclams UB, 17602), S. 104–121; Huyssen (Anm. 7), S. 78.

12 Neuhaus (Anm. 1), S. 80 f., 95; Huyssen (Anm. 7), S. 144.

13 Huyssen (Anm. 7), S. 81 f.

14 Vgl. Huyssen (Anm. 7), S. 57 f., 140–143; vgl. auch Schröder (Anm. 5), S. 30–35; Luserke (Anm. 12), S. 13.

15 Zu Goethes Biographie vgl. Kurt Rothmann, *Literaturwissen: Johann Wolfgang Goethe*, Stuttgart 1994 [u. ö.] (Reclams UB, 15201), S. 16–35.

16 Vgl. zu Werk und Epochen Rothmann (Anm. 16), S. 36–154.

Raum für Notizen